方 图

四方图志 · 心安一隅

# 非一般的古文课

## ——| 梦华录 |——

蔡朝阳 ◇ 著

中国出版集团

东方出版中心

## 图书在版编目（CIP）数据

非一般的古文课 / 蔡朝阳著. — 上海：东方出版
中心，2023.7
　　ISBN 978-7-5473-2230-7

　　Ⅰ.①非… Ⅱ.①蔡… Ⅲ.①文言文－小学－教学参
考资料 Ⅳ.①G624.203

中国国家版本馆CIP数据核字（2023）第119473号

## 非一般的古文课

著　　者　蔡朝阳
责任编辑　王欢欢
封面设计　柏拉图

出版发行　东方出版中心
地　　址　上海市仙霞路345号
邮政编码　200336
电　　话　021－62417400
印　刷　者　溧阳市金宇包装印刷有限公司

开　　本　880mm×1240mm　1/32
印　　张　21.25
字　　数　330千字
版　　次　2023年7月第1版
印　　次　2023年7月第1次印刷
定　　价　114.00元

# 古典文学仍在我们的生命之中
## ——《非一般的古文课》自序

文 / 蔡朝阳（阿老师）

　　我的文学启蒙，最早就是古典文学。龙榆生那本《唐宋名家词选》，被我翻烂了。封皮掉了，用胶水粘住，再掉，再粘……终而至于无影无踪。如今缺了封面的书，还在我的书架上。这是我人生历程中最重要的物件之一。

　　其实已经无法追述我是如何爱上古典文学的了，但最初应当是从诗词开始的。当时的我还是初中生，渐渐发展出自己的审美眼光，渐次展开对外界事物的追索。最初接纳我的，就是古典文学。这一丰富的宝藏，始终开放着，欢迎每一位心怀渴望的新人。后来，龙榆生那本《唐宋名家词选》，因我翻阅的次数实在太多，里面的多数作品我都能熟读成诵；即便不是整本，至少也有三分之二，至今我还能信手拈来。

这是我跟古典文学的第一个"蜜月时期"。现在想来，这段时间心无旁骛，全然沉浸在古典诗歌的世界里，基本奠定了我之所以是现在的我的基础。比如，我是一个读书人，是一个写作者，最重要的是，我的写作语言中，总是可以显示早年阅读古典文学的蛛丝马迹。这些少年时代的阅读积累，变成一个人精神成长的滋养，成为一辈子的印记。

这段经历也对我的阅读口味产生了很深刻的影响。对所读之书，我不仅要求有好的内容，也要求有好的语言。什么叫好的语言呢？这当然不是指单纯的辞藻华丽，而是就语言本身的节律来讲的。我曾用一个词形容好的语言，叫作有质地。有质地的语言，不仅给你音韵感、节奏感、纪律感，还有丰富的内质，可以让你深思。高级的写作者，对自己的语言是有追求的，不但要表达，而且要优雅地表达。

当然，不只是读古典文学的人会有这样的追求，读世界经典文学长大的孩子，也会有这样的追求。我们会发现，那些世界经典文学的翻译者，尤其是老一代的翻译者，也都是读了很多古典文学的。比如傅雷，比如蓝公武，比如查良铮，比如巫宁坤……这跟我们当前的翻译者，委实有很多区别。

比如，我特别喜欢傅雷翻译的《约翰·克利斯朵夫》，开头第一句我至今难忘："江声浩荡，自屋后升起。""江声浩荡"，就是非常书面化的具有文言底色的译文。而"自屋后升起"的一个"升"字，特别有炼字的感觉。这虽是这部长篇小说的第一句，却像一首诗歌的第一句。

这种对汉语本身的敏感，大概就是从很多年的阅读中培养起来的。我还一直记得另一个场景。那一年我16岁，刚成为高中生，背诵孟子《鱼我所欲也》的篇章。这一篇章也是语文书里的课文，我在一个夜晚反复朗读，不是因为第二天老师要抽背，而是因为，在这个夜晚，我突然明白了汉语的音韵铿锵，其本身便包含极大的说服力。

孟子这篇文章正义凛然、气势不凡，虽然用我们现在的眼光来看，未免有些气势迫人，但从文辞本身而言，有不容置疑的决断。孟子一直是这样的，用语言的气势，来压倒对方。不论是"杀人以梃与刃"，还是"吾善养吾浩然之气"，我们都会被孟子的语言所慑服，而不再计及其内部的逻辑思维。

"鱼我所欲也，熊掌亦我所欲也，二者不可得兼，舍鱼而取熊掌者也"，这个选择是个人选择，当无疑义，但后文"舍生取义"这个类比，却委实令人踟蹰了，因为两者不具备逻辑关系。现在，我可以坦然说出我的怀疑，但在16岁的那个夜晚，我在自家破旧的老房子里读此文，真是读到血脉偾张，脸颊涨红。

读前后《赤壁赋》，已经是很晚的事了。在江南小镇，实在没有太多书读，第一次发现前后《赤壁赋》这么漂亮的文章，我都惊呆了。当时我心里就有一个问题：这么好的文章，为什么我学的教科书里竟然没有？

马齿渐长，所见日多，时光荏苒，几十年便如弹指一挥间。我从一个好奇的孩子，变成一个满腹狐疑的中年人。这中间，我对语言世界的好奇心却一直不曾减退，只是年代不同，注意力也不断转移。我读了西方文学，读了历史，读了政治哲学，也读了经济学，现在又重新读教育学，乃至心理学。本意在于贪多务得，就像陶渊明的"好读书，不求甚解"，实际上却总是浅尝辄止。但无论读什么、写什么，我的行文之中，总会露出那个读《孟子》的少年的"马脚"。

我不是没想过革自己的命——革自己写作语言风格的命。比如，用新的语言范式，来反抗接近于诅咒的传统。在写作的体例上，我也曾尝试过很多，写过古体诗歌，又学写小说，尝试了散文、随笔、书评，如今，则经常写一点教育评论。

我并不满意自己现在的文字，总认为自己可以写得更好；但人到中年，还是发现了一个可以和自己和平共处的理由：观念可以现代，语言风格本身仍可以有对古典的继承。这个意思接近于林毓生先生所说的"传统文化的创造性转化"，即你的语言方式可以很传统，但你传达的恰是现代精神。当然，最重要、最本质的一点是，思维内核需要更新换代。

就像我们现在读"孔孟""老庄"，我们可以理解他们，欣赏他们，却再也不必迷信他们了。我们活在科学昌明的现代，我们有系统的逻辑思维，再也不必用神话的方式去理解和解释世界。古典文学就安于其位，仅仅停留在文学的范畴之内，就够了；但即便仅仅停留在文学的范畴之内，它也仍然对我们大有裨益。因为，我们的精神世界无比闳阔，古典文学，则为我们提供了一个高价值维度。

千百年来，器物更新迭代，介质不断改变，而我们的情感本身，则极少变化。这是我们理解古人的依据，也是我们坚信后人仍将同样理解我们当代人的悲欢离合的依据。陶渊明的气度，在今天仍显得高贵；李白的《春夜宴从弟桃花园序》，至今读来仍让人感慨。我之所以要选择嵇康的《与山巨源绝交书》，就是因为，类似的"拉黑"在微信时代屡见不鲜，友谊的小船说翻就翻，可你看嵇康他们，绝交都那么高级，那么清新脱俗。

我的朋友黄晓丹写了一本书，叫《诗人十四个》，她将古典文学放在生命意义的维度来理解，这是特别让人触动的地方。黄晓丹说："之所以必须倚仗古典文学所营造的理想世界，是因为只有决定相信理想世界的存在，人生才能从蜉蝣式的无谓漂流变成值得的追寻，时间之丝也因为找到缠绕的线轴而不飘散于虚空。"

像今晚，一个春夜，阿老师在写"古文九十九"课程的发刊词，写不下去时，就回头一遍遍阅读我的选目，阅读那些在历史的星河里熠熠闪光的珠玑之文，我就知道，我们跟古人是一样的，都曾经怀疑，都曾经虚无。而书写与讲述本身，则是努力地向虚无索要一个意义。这究竟是否徒劳呢？

我选择在这个时间轴之上，来重述这些常见的文言文，自然是希望有可能帮到孩子们，但更多的是为了我自己：即使我们只是一起朗诵了一遍这些有如金石撞击之声的灿烂文字，也足以安慰一个满腹狐疑又悲观的中年人了。

如果徒劳，那就让徒劳发生。

# CONTENTS

# 说"梦华录"

　　读者朋友一望便知，"梦华录"这个名字来自《非一般的古文课》中的一个选篇，孟元老的《东京梦华录》。

　　其实孟元老的书名，也来自一个典故，就是黄帝梦游华胥国的故事。据《列子》一书记载，黄帝梦游华胥国，醒来后天下大治。因此，华胥之梦里，一直有中国人美好的社会愿景。

　　而孟元老的引用，则有其另外的深意。北宋，是中国历史上最为阜盛、最为开明的时代之一，孟元老幸而生逢其时。不料，盛极一时的繁华，刹那成空，像过眼云烟，也像是一场梦。

　　不过呢，我用"梦华录"这个名字倒是没有这么深远的寓意。"华"者，华章也，用以指代中国古典文学璀璨的篇章。从其源头渐次展开讲述，蔚为大观。我们置身其中，受到滋养，文学之美，确如梦境，来如春梦几多时；而同时，这又是实实在在把握于我们手中的、构成了我们历史文化传统的部分，也是当下日常生活的审美之源。

本卷选文，多从"华美"二字入手。华美，不仅仅在于辞藻，更在于古人辽阔的精神世界。即便尝鼎一脔，我们也可以想见那个灿烂辉煌、无远弗届的形而上之维。

是为"梦华录"。

# 第一讲
## 夔

东海中有流波山，入海七千里。其上有兽，状如牛，苍身而无角，一足，出入水则必风雨，其光如日月，其声如雷，其名曰夔。黄帝得之，以其皮为鼓，橛以雷兽之骨，声闻五百里，以威天下。

（《山海经·大荒东经》选段）

《山海经》是中国古代的一本奇书，内容奇诡，风格独特。其中记载了很多古代神话，比如《夸父逐日》《精卫填海》《共工怒触不周山》等，为我们后人所熟悉。该书成书时间较长，自战国时期起便有流传，但最终成书，则要迟至汉代。

中国古代的历史典籍大多颇为严肃，作者往往被叫作"子"，那是"子学时代"。诸子正襟危坐，不苟言笑，文以载道。但在诸子的时代，居然会有《山海经》这么一本活泼可爱，乃至荒诞不经的书，实在太让人意外了。

此外，在中国古代，孩子们并没有专门的儿童文学作品看，能读书的孩子，都会喜欢《山海经》。鲁迅写过一篇《阿长与〈山海经〉》，少年鲁迅特别渴望有一本绘图的《山海经》。这源自一个远房叔祖，鲁迅在他的书斋里，看见过《毛诗草木鸟兽虫鱼疏》《花镜》等许多名目很生的书籍。他告诉鲁迅，这里还曾经有过一部绘图的《山海经》，画着人面的兽、九头的蛇、三脚的鸟、生着翅膀的人、没有头而以两乳当作眼睛的怪物……可惜不知道放在哪里了。

我们先来把这一讲节选的文字解释一下。

东海之中有一座山，叫流波山，入海七千里<sup>①</sup>。流波山上有一种怪兽，名字叫夔。夔的样子有点像牛，灰黑色的身体，没有角，只有一条腿。它从水里出来或者进去，就一定会带来狂风暴雨，它的光像日月一样明亮，声音像打雷一样响亮。黄帝捉住了夔，用它的皮做了一面鼓，然后用雷兽的骨头做鼓槌，敲打起来，五百里外都听得见声音。黄帝就用这个鼓，在天下立威。

① 如今 1 里等于 500 米，秦汉时期 1 里约等于 415.8 米。

我们先来说夔。在这段文字里，夔是一种怪兽，被黄帝杀了。但其实，夔在中国的古书里，经常会以另外的形象出现。《尚书》里说，夔是古时候的乐正。什么是乐正？就是掌管音乐的大官。这里，夔显然是个人，而不是兽。"帝曰：'夔，命汝典乐，教胄子。直而温，宽而栗，刚而无虐，简而无傲。'"舜帝说道："夔，命你掌管音乐事物，负责教导年轻人，使他们正直而温和，宽大而谨慎，刚正不粗暴，简约不傲慢。"

那么，夔到底是人还是兽呢？这个问题，鲁哀公也问过孔子。

哀公问于孔子曰："吾闻夔一足，信乎？"曰："夔，人也，何故一足？彼其无他异，而独通于声。尧曰：'夔一而足矣。'使为乐正。故君子曰：'夔有一，足。'非一足也。"

鲁哀公问孔子："我听说夔只有一条腿，这是真的吗？"孔子就回答："夔是一个人，怎么会只有一条腿呢？"在神话里，夔被描述成一条腿的怪兽。但孔子却说，夔一足，不是说夔只有一条腿，而是说夔这个人跟别人无异，但是他能力很强，对音乐特别精通，所以，掌管音乐这件事，夔一个人就足矣。

神话里的夔，被看作一种兽；而在《尚书》里，夔却是主管音乐的、能力很强的官员。这两种不同的解释，并行于中国古代。

阿老师之所以要说这些事，是想要告诉大家一个道理：在一些中国古书里面，神话和事实经常是不分的。这跟希腊神话、罗马神话，乃至北欧神话，都不一样。所以，我们在读古书的时候，需要注意区分。

当然，现在我们都认为《山海经》是一本关于神话的集子，兼有历史故事、传说和寓言。但在古代，人们却不是这样认为的。先民们不分历史和传说，他们在记录《山海经》里的这些故事时，很可能就是把这些故事当作事实来记录的。

而其实呢，《山海经》倒更像是一本地理书。你看，书名里就带着"山"和"海"。可为什么里面会有很多神话呢？那也是我们现代人的看法，把这些超越凡人力量的事叫作神话。古人很可能认为，这就是事实本身。观念的差别就在这里。古人以神话的方式解释世界，神话就是他们理解世界的方式。

　　这也是我们的古文课第一篇要选《山海经》里的神话的原因。共同的神话传说，让我们的先民有了共同的观念和意识。在民族共同体的建构上，神话起到了很重要的作用。这就是说，我们为什么会被称为中华民族，那是因为我们有共同的民族认同，而这个认同，比较早的时候，是由神话来帮助建立的。大家都相信同一个创世传说，相信同一个图腾、同一个故事，那么，我们就是想象的共同体，我们就是具有共同民族认同的人。

　　有一个美国学者叫本尼迪克特·安德森，他提出了"想象的共同体"这样一个概念。正因为我们有共同的想象，我们才是同一个民族。

　　我们中华民族的创世神话，是女娲造人。下面再来看看别的民族的创世神话。

　　有一个创世神话，说神用六天创造了世界，然后第七天就休息了。有人可能知道，这是希伯来神话。还有一个创世神话，说神想要照着自己的样子来造人。他先用木头来造，但是一道闪电击中了木头人，木头人着火了。接着他又用泥土造人，但是下大雨了，泥人化掉了。后来，神用玉米面来造人，这下成功了。所以这一民族的人，皮肤是黄色的。这是哪个民族的创世神话呢？对了，这是印第安神话。

不同的民族，有不同的神话、不同的传说。这些不同的老故事，铸造了不同的地区风格和民族特色，同时也体现了人类文明的多样性和丰富性。中国的神话，正是我们民族强大凝聚力的基础之一。

# 第二讲
# 大成若缺

大成若缺，其用不弊。大盈若冲，其用不穷。大直若屈，大巧若拙，大辩若讷，大赢若绌。静胜躁，寒胜热。清静，为天下正。

《老子》选段

　　我们在学习文言文的时候，经常会遇到一些成语。"成"就是约定俗成的意思。古时就已经用惯了的词语，在现代白话文里仍然作为一个整体在用，这就是成语。

　　我们需要了解的是，文言文是古人写作用的语言，我们现代人已经基本不用了。古时候的很长一段时间里是"文白分离"的：写作，用文言文；说话，用白话文。到了 20 世纪，在胡适、陈独秀等人的提倡下，人们才渐渐开始用白话文写作。从那时到现在，我们的白话文写作史也才 100 多年。我们现在日常讲话和写作，都已经习惯用白话文了，但文言文并没有全部被抛掉，而是以各种方式，比如典故、成语等，在白话文里留下痕迹。

本讲选文的第一个词"大成若缺"，就是成语，意思是最完美的事物，好像有残缺一样。

跟"大成若缺"相类似的成语，我们还可以列举出很多，比如：大智若愚、大巧若拙、大音希声、大象无形、大盈若冲、大辩若讷、大方无隅、大直若屈。以上所列举的成语，基本上都出自《老子》一书。

《老子》，也叫《道德经》，这本区区五千言的书为我们现代人贡献了杰出的思想，也为现代汉语贡献了巨量的成语。

我们来说一下老子，他很有传奇色彩。老子生活在东周时期，据说是陈国人。他姓李，名耳，字聃，我们一般叫他老子，或者老聃。问题就在这里：明明老子姓李，为啥不叫李子，而叫老子呢？我们知道，"子"是尊称，是对成年的有学问、有地位的男性的尊称，比我们现在的"先生"这个词更有尊重的意味。一般只有先秦诸子，才配得到"子"的称谓。比如孔子、墨子、韩非子、庄子、孟子、荀子……先秦之后，就很少有被称为"子"的了。学问特别大的，像宋代的朱熹，也被称为朱子，别的就很少了。

阿老师有几个好朋友，都是读书人，读过很多书，有时候我也戏称他们为"子"。比如有一个朋友姓范，我就叫他范子；有一个朋友姓王，我就叫他王子。他们就反过来调侃我，也称阿老师为"子"。阿老师本姓蔡，所以要被称为蔡子。这可不行，菜籽（与蔡子谐音）是用来榨油的。

玩笑的话，就说到这里，我们还是来接着说为什么李耳要被称为老子。原因有两种说法。一种说法是，李这个姓是后起的，本来就是从老这个姓里分出去的。另一种说法是，在当时的官话（雅言）中，"老"字和"李"字发音相近，传着传着，以讹传讹，李子就变成了老子——这种说法也就是一家之言而已。

老子一生没做过什么大官，最大也就是周王室的守藏室史。守藏室史是个什么官？其实就是图书馆馆长。阿老师中意的一个作家叫博尔赫斯，也是一位图书馆馆长。博尔赫斯说："我一直暗暗设想，天堂应该是图书

馆的模样。"(《关于天赐的诗》)

老子特别有学问，有原创思想，在当时很出名。孔子年轻时，游学各地，也曾向老子请教。老子后来看政局动荡，世道无望，就弃官而行，打算出函谷关，去周游世界。函谷关的守官，名叫尹喜。他崇拜老子，就说："先生，你这么离开可不行。你的离开，是思想界、哲学界的损失。要不这样，你写本书留下来，把你的思想做一个概括，这样我才放你走。"老子没办法，写下了洋洋洒洒五千言——就是我们读到的《老子》——然后扬长而去。

就这样，老子首创了中国的道家学派。道家思想很深刻，但说起来其实也挺简单，其核心思想可以用两个字来概括，就是"无为"。"无为"从字面来看，意思好像是说啥也别干，无所作为。但我们稍微读一点点《老子》，就会对"无为"有更深的了解。

我们这一讲节选的内容，来自《老子》第四十五章，阿老师来解释一下：最美好的东西，似乎还有残缺，但是其作用不会衰竭。最充盈的东西，好像是空虚的，但它的用途也不会穷尽。最正直的东西，看起来像弯曲的；最灵巧的东西，却似乎显得笨拙；最善于辩论的，就像笨嘴拙舌一样；最大的赢利，又好像亏本。沉静战胜浮躁，寒冷克服暑热。清静无为才是天下的正道。

阿老师先来解释三个字。第一个字是"盈"。"盈"就是满的意思。第二个字是"冲"。"冲"就是空的意思。

阿老师要问读者们：你们看过金庸的小说《笑傲江湖》吗？在《笑傲江湖》里，任盈盈和令狐冲后来结婚了，永结同心。读的时候，你们猜到结局了吗？要知道，他俩的名字大有玄机。因为《老子》里说，"大盈若冲"，任盈盈的"盈"字，和令狐冲的"冲"字，本来就是联系在一起的；"盈"就是满，"冲"就是空，他们本来就是一体两面，能不终成正果吗？所以金庸在给他俩起名字的时候，就决定了他们是一对。

第三个字，就是"讷"。"大辩若讷"："辩"是"辩论"的"辩"，"讷"指的是不善言辞；这个词的意思是，最会辩论的人，看上去好像很木讷。《论语》里也有句话："讷于言而敏于行。"阿老师最喜欢的就是"大辩若讷"这个成语，一度将其引为座右铭。为什么呢？因为阿老师年轻时不够木讷，读过几本书，总爱显摆；到了中年，才明白"大巧若拙，大辩若讷"的道理。现在，阿老师之所以会宣称自己是一个笨拙的中年男人，是因为"大巧若拙"，这是一种人生境界，值得追寻；阿老师之所以变成了一个总是安静的、沉默的中年人，是因为"大辩若讷"啊。"听其言而观其行"，说是很重要，但更重要的是你怎么去做。

这就是老子的智慧。

# 第三讲
## 陈亢问于伯鱼

陈亢问于伯鱼曰:"子亦有异闻乎?"

对曰:"未也。尝独立,鲤趋而过庭。曰:'学《诗》乎?'对曰:'未也。''不学《诗》,无以言。'鲤退而学《诗》。他日,又独立,鲤趋而过庭。曰:'学礼乎?'对曰:'未也。''不学礼,无以立!'鲤退而学礼。闻斯二者。"

陈亢退而喜曰:"问一得三:闻《诗》,闻礼,又闻君子之远其子也。"

(《论语》选段)

本讲的选文出自《论语》。关于《论语》这本书,阿老师就不再解释了,大家应该都很熟。陈亢,字子禽，是孔子的弟子。一般认为，陈亢名字中的"亢"字，应该念作"gāng"。你可以去看中国最早的词典《尔雅》。

陈亢作为孔子的学生，比别人多了一个心眼。他觉得孔鲤是孔子的儿子，孔子这么有学问，也许会悄悄多教儿子一点东西吧。于是他就去问孔鲤："子亦有异闻乎？"陈亢这句话的意思："你有不一样的听闻吗？"

孔鲤，这个名字大家觉得奇怪吗？孔子学问那么大，自己的儿子却叫鲤。这个名字听起来跟孔子的学问并不般配。就像阿老师有个孩子，名字叫菜虫，也不怎么"高大上"。

孔子的这个儿子出生时，鲁国的国君鲁昭公特地送来一条大鲤鱼贺喜。为了纪念这个礼物，孔子就给孩子取了孔鲤这个名字。孔鲤，字伯鱼。我们知道，古人有名，也有字，加起来就叫名字。比如，孔丘，字仲尼；李白，字太白；苏轼，字子瞻。名和字之间，是有联系的，字往往是为了解释这个名。像孔子有个弟子，名仲由，字子路，"由"就是路径的意思。我们现在上互联网，要用到一个叫路由器的设备。阿老师一直觉得，第一位把这个设备叫路由器的人，还真是很有水平呢。

阿老师初中的时候给自己起过一个字——初白。为什么叫初白呢？因为我的名字叫朝阳，就是早上的太阳。朝阳一出来，天下不就亮起来了吗？正所谓"一唱雄鸡天下白"。但初白这个字，阿老师从来没用过，因为我们现代人，都用不到表字了。

孔鲤，字伯鱼。"伯"就是大，所以孔鲤的字，就是大鱼的意思。这里我还要解释一下什么叫"伯"。古代的男生，凡是名字里有个"伯"字的，那么他在家里兄弟中的排行，肯定是老大。"伯仲叔季"这个序列，就是古代的兄弟排行。老大是"伯"，老二是"仲"，老三是"叔"，老小就是"季"。孔鲤是孔子的大儿子，所以叫伯鱼。

现在我问你：仲由排行老几呢？"仲"，就是老二。《诗经》里有一首诗歌，叫作《将仲子》，"仲子"，翻译过来就是二先生。在对亲戚的称呼里，我们管爸爸的哥哥叫伯伯，管爸爸的弟弟叫叔叔。这就是从"伯仲叔季"里来的。

阿老师很喜欢一位长沙的历史学者，他专门研究晚清的历史，代表作叫《战天京》。这位学者名叫谭伯牛。现在我问你：这位谭伯牛先生在家里排行第几？他是属什么的？对，一猜就准。谭伯牛，排行老大，属牛。

　　以上讲的都是古代的一些文化常识，下面言归正传。

　　陈亢问了，孔鲤怎么回答呢？"未也"，就是没有异闻。孔鲤说："我爹怎么教你们，也就怎么教我。"但是，有一次，孔鲤从院子里快步走过——原文叫"趋而过庭"，"趋"就是快步走的意思——被爸爸叫住了。"儿子，过来。去干吗？你读了《诗经》没有？没读？你得读啊。""不学《诗》，无以言"，意思是不好好学习《诗经》，就不会好好说话。在这篇选文里，最重要的是两句话，一句是"不学《诗》，无以言"，一句是"不学礼，无以立"。

　　可是我们明明已经会说话了，为什么还要学《诗经》呢？孔子所说的"言"，当然不是一般的说话，而是指上层社会的交际应对；同时，也有说得好一些、文雅一些的意思。《诗经》在春秋时代就被看作政治教科书。在诸侯国的外交会议上，人们经常用《诗经》中的话来对答，比较含蓄、稳重地表达自己的意见。如果不懂《诗经》，或不会运用，是会吃亏的，也容易闹笑话。

　　所以孔子说的"不学《诗》，无以言"中的"言"不是指一般的说话，而是指好好说话，说得有文采，说得正式、高级。

"不学礼，无以立"，是什么意思呢？意思是不学习《礼记》，就没办法立身。《礼记》这本书，指代儒家主张的礼仪规范。人毕竟是要融入社会的，并且要融入主流社会；你不学习礼仪，不懂得礼仪规范，那是没有办法融入的。在这里，阿老师将礼理解为一种社会规范。但有一个清末民初的学者，叫辜鸿铭，他对礼的解释很令人诧异，但也很有意思。他说，礼就是艺术，不单单是生活规范，更是艺术。我觉得蛮有道理的，因为生活确实需要艺术。

到这里，我们一定也明白了学习古文的道理。因为"不学《诗》，无以言"，不学"文"，也同样无以言。我们学习古典文学，就是为了让说的话、写的文章更有魅力，更有水准，也是为了让我们的审美层次得到较高的提升，以及为了艺术地生活在大地之上。

# 第四讲
# 斧斤以时入山林

不违农时，谷不可胜食也；数罟不入洿池，鱼鳖不可胜食也；斧斤以时入山林，材木不可胜用也。谷与鱼鳖不可胜食，材木不可胜用，是使民养生丧死无憾也。养生丧死无憾，王道之始也。

五亩之宅，树之以桑，五十者可以衣帛矣。鸡豚狗彘之畜，无失其时，七十者可以食肉矣。百亩之田，勿夺其时，数口之家可以无饥矣。谨庠序之教，申之以孝悌之义，颁白者不负戴于道路矣。七十者衣帛食肉，黎民不饥不寒，然而不王者，未之有也。

**《孟子·梁惠王上》选段**

　　本讲所选的这段文字，是孟子非常重要的政治论述，是对儒家治下的太平盛世的一种想象，孟子比较具体地畅想了"王道"理想。春秋战国时期，很多思想家提出自己的政治主张，希望被当政者采纳。这段话包含了孟子的政治主张，历来受到重视。尤其是其中的一些句子，已成为现在常用的名句，比如"谨庠序之教，申之以孝悌之义，颁白者不负戴于道路矣"等。

　　孟子是在什么情况下说出这段话的呢？其实，这段话中跟孟子对话的人，就是梁惠王。在《孟子》中，有关梁惠王的章节，基本上记录的都是孟子跟梁惠王的对话和交往。梁惠王其实是魏惠王，是魏国的国君。因为魏惠王曾将国都迁到大梁，所以他又叫梁惠王。

　　我们后人读《孟子》，会发现这个梁惠王挺老实的，是个厚道的人。因为孟子言辞犀利，很有气势，梁惠王经常被孟子教训。但是他作为国君，很有容人之量，也不生气。我们读《孟子·梁惠王》，就会发现这一点。

　　比如说，孟子第一次去见梁惠王，梁惠王就问："老先生，你不远万里来到我国，将会给我们带来什么利益呢？"孟子说："我没带利益来，我只带了仁义来。"孟子大概会这么想："我跟你谈的是仁义，你何必说利益？"这就像一帮穷朋友，希望一个富翁过来，给他们带来钱。他们等啊等啊，富翁来了，却说："我没有钱，我只带来了理想。"你看，孟子就是这么一个理想主义者。

这一次，也是梁惠王有问题请教孟子，被孟子借题发挥了。前文的大意是这样的——

梁惠王说："我对自己的人民，也算是尽心了。河东凶年的时候，就让老百姓移居到河西，把粮食转运到河东。河西凶年的时候，也一样移来移去。我对老百姓可费心了。可是，为什么跟邻国相比，我的人民没有多起来呢？"

其实，听完梁惠王的表述，我们就知道问题出在哪里了。这个问题就是折腾。以救灾的名义，把老百姓移来移去的，老百姓愿意吗？这样真的好吗？中国是农业国家，古时候的魏国也是。这样把老百姓移来移去的，他们种的庄稼怎么办？所谓安居乐业，安居是前提啊。

梁惠王没想到的是，他的这个问题，引来了孟子的长篇大论。

> "不违农时，谷不可胜食也；数罟不入洿池，鱼鳖不可胜食也。"

不要违背农业时令，谷物就吃不完了。不要用网眼特别细密的渔网去打鱼，那么鱼鳖之类的水产品就吃不完了。

"斧斤以时入山林"，就是按照一定的节令去砍柴，木材就用不完了。"斤"就是斧头的意思，这是一个象形字，"斤"的字形，本身就像一把斧子。

孟子的逻辑，看起来很顺畅。

> "谷与鱼鳖不可胜食，材木不可胜用，是使民养生丧死无憾也。养生丧死无憾，王道之始也。"

物品用不完，食物吃不完，老百姓养生送死都没有遗憾，这就是王道的开端。

> "五亩之宅，树之以桑，五十者可以衣帛矣。鸡豚狗彘之畜，无失其时，七十者可以食肉矣。百亩之田，勿夺其时，数口之家可以无饥矣。"

五亩地那么大的住宅，边上种满桑树，那么，五十岁的人就可以穿上绸缎了。养鸡、狗、猪之类的家禽家畜，也不要违背时令，那么，七十岁的人就可以吃上肉了。一百亩的田地，不要耽误农时，那么，有好几口人的家庭就不会挨饿了。

最重要的是这句："谨庠序之教，申之以孝悌之义，颁白者不负戴于道路矣。""颁"，同"斑"，"斑白"就是头发花白的老人家。"庠序"就是古代的学校。这句的意思是，办好学校教育，用孝悌的道理去教学生，那么，老人家就不用在路上扛东西了。孟子为我们描绘了一幅太平盛世的美景，丰衣足食，母慈子孝。但是，这个美景能实现吗？

我们知道，人口的组成，是动态的。也就是说，在太平盛世，人口是会增加的。但是在战国时代，生产力水平进步的速度，却没有人口的增长速度那么快。我们假设，在一个封闭的生态系统里，有一个固定的人口基数，大家都可以活下来。没有战争，没有灾疫，人民安居乐业，如此人口就会增加。人口增加，生产力却没有增加，百亩之田所出产的谷物就不够吃了。于是，原来人口稳定的时候，大家吃白米饭；现在人口增加了一倍，大家只好喝稀粥。于是纷争就起来了，战争、饥荒就这样爆发了。

有一个办法可以解决这个问题，那就是提高生产技术。比如，阿老师小时候，每亩水稻的产量也就500斤①；现在呢，已经到了1 000多斤。就在我生活的这三四十年间，中国的人口增加了不少，粮食也够吃，其中一个原因就是生产技术大大提高了。

其实，在中国的历史中，人口大幅度增加，往往需要两个条件：一个是长时间的太平盛世，一个是新的农作物物种的引进。比如，番薯、土豆引进之后，中国的人口有一个爆发式的增长。因为这些东西产量高，而且"顶饿"。

我们接着说孟子的这段话。按照孟子的描述，确实可以享有几年的和平，但是他没有办法解决接下去的问题：如果人口暴增，社会生活资源不够了，怎么办？这是战争和灾荒的根源。所以，孟子的观点有一个内在的逻辑困境。既然这道理中有内在的困境，那么阿老师为什么还要跟大家讲呢？

首先，孟子是个文学家，你看他的措辞，多么优

---

① 1斤等于500克。

美，语句整齐，音韵铿锵，有不容置疑的气势。这是非常值得我们学习的地方，也是令我们击节赞叹的地方。

其次，这毕竟是距今几千年前的文章，梁惠王也不会懂得现代的经济学原理，所以他无言以对。孟子也不懂，所以无法克服内在的逻辑矛盾。而我们站在了前人的肩膀之上，有基本的经济学专业知识，就会明白一些社会运作的基本原理。

最后，我们从中可认识到一个关于写作的道理：说理，并不一定得靠修辞，而更应该靠逻辑和科学。所谓有理不在声高，文章修辞漂亮，诚然值得赞赏，但这并不一定代表说的就完全正确。在第二讲中，我们不是讲过"大辩若讷"这个词吗？我们把事实呈现出来就好了。事实才是最有说服力的。

# 第五讲
# 濠梁之乐

　　庄子与惠子游于濠梁之上。庄子曰："鯈鱼出游从容，是鱼之乐也。"惠子曰："子非鱼，安知鱼之乐？"庄子曰："子非我，安知我不知鱼之乐？"惠子曰："我非子，固不知子矣；子固非鱼也，子之不知鱼之乐，全矣！"庄子曰："请循其本。子曰'汝安知鱼乐'云者，既已知吾知之而问我，我知之濠上也。"

（《庄子·秋水》选段）

　　庄子，姓庄，名周，战国时期宋国蒙人，道家学派代表人物，与老子并称"老庄"。庄子一生没做过什么官，顶多就是做过地方上的漆园吏。漆园吏是个很小的官职，所以庄子一生过得很贫困。不过，虽然贫困，他却能安贫乐道，最终成了一代宗师。

令我惊讶的是，有的小朋友第一次听说庄子，是从一款游戏中知道的。那个游戏里有个英雄叫庄周，外号大鱼，因为他骑着一条大鱼，也就是鲲。我没玩过这个游戏，只是听说而已，想来这个游戏的角色设定自有其逻辑。为什么庄子会骑一条大鱼？这大概出自《庄子·逍遥游》开篇第一句："北冥有鱼，其名为鲲。鲲之大，不知其几千里也。"我想这条大鱼万万想不到，自己有一天会变成游戏里庄周的坐骑。

阿老师特别喜欢庄子。庄子是个哲学家、思想家，他要把他的哲学讲给人听。要让人听得懂，就不能用纯粹思辨的话语，因为这很难令人接受；但如果换成寓言，人们就很容易明白了。所以《庄子》这本书里充满了寓言和各种好玩的故事。这也是历代中国人都特别喜欢庄子的原因之一。

这一讲选的是《庄子》里特别有名的一段对话，阿老师来解释一下大意。

庄子和他的好朋友惠施在濠水的一座桥上游览，看到水里的鲦鱼游来游去，自由自在，庄子就说："鱼儿真快乐啊。"惠子就说："你又不是鱼儿，你怎么知道鱼儿很快乐呢？"惠子是庄子的好朋友，两人的智力水平、逻辑能力都差不多，堪称棋逢敌手。两人虽然时常观点不一，关系却很亲密。在《庄子》这本书里，惠子出现的频率特别高，一出现，就跟庄子抬杠。这让阿老师想起我的一些朋友，他们也很喜欢跟阿老师抬杠。俗话所说的抬杠，其实就是辩论。他们倒也不是对阿老师有意见，而是辩论这件事，是一种需要较高智力水平的思辨行为，是很有意思的。

听到惠子的反驳，庄子接着反驳说："你又不是我，你怎么知道我不知道鱼儿很快乐呢？"你看，辩论的乐趣就在这里，用对方的逻辑，去反证对方的错误。惠子的逻辑是"子非鱼，安知鱼之乐？"，庄子就按照惠子的逻辑，说："子非我，安知我不知鱼之乐？"这一轮反驳，完美！但是惠子也不是泛泛之辈啊。他又反驳："对啊，我不是你，所以不知道你；但你也不是鱼儿，所以你不知道鱼儿的快乐，也是完全可以断定的。"

其实，到这里，我们几乎要觉得，如果辩论要分出胜负的话，是惠子赢了。但是可惜，庄子后面又补了一句，这句话就比较厉害了。庄子说："请回到我们讨论的问题的根本上来。你问：'你怎么知道鱼儿很快乐？'

这个问题本身就说明，你已经知道我知道鱼儿很快乐了。我是在濠水上面的这座桥上知道的。"

这是什么意思呢？就是说，当惠子问"你怎么知道鱼儿很快乐"时，这个问题本身就已经承认鱼儿很快乐了。你可能觉得这两个人在绕来绕去，但这就是辩论和逻辑的乐趣。

其实，在辩论中，我们不需要分出谁赢谁输，只去看这个辩论的过程就好了。这个过程展示了辩论双方各自的聪明和智慧。双方各执一词，各有道理，未必一定要去压倒对方，不是吗？所以庄子与惠子的这段对话是两个智力相当的人为我们展示的一场"最强大脑之战"。因为实在太精彩了，所以千古流传。"子非鱼，安知鱼之乐？"也成为汉语中的名句。

不过，在阿老师看来，庄子和惠子讨论的问题却未免有点失焦。什么意思？你看，庄子在桥上看到鱼儿游来游去，自由自在，认为它们很快乐。其实，这种自由自在的快乐，是庄子自己的情感投射在鱼儿身上的表现，这是一种审美的眼光。而惠子却是从实证的角度，来讨论鱼儿究竟快乐不快乐。所以有人评论说，这场辩论两人都赢了：庄子赢在文学，惠子赢在逻辑。

　　此外，"子非我，安知我不知鱼之乐？"也可能不成立。因为人类有同理心，有同情心，这是我们人类能互相理解的基础。有个词叫"感同身受"，还有个词叫"设身处地"，可见我们人类的情感是可以互相感知的。也就是说，你虽然不是我，却也可能知道，我喜欢鱼儿自由自在、游来游去。

　　其实，这场辩论要是阿老师在场，可能就不一样了。我不想跟庄子抬杠。当庄子说鱼儿游来游去、自由自在，多么快乐时，我就知道他这是在感慨人生。你看，人生啊，有那么多牵绊，我们总不能自由自在、无拘无束。所以，卢梭才说："人生而自由，却无往不在枷锁之中。"（《社会契约论》）

　　濠梁之上的庄子，其实是很羡慕这些鱼儿的，因为鱼儿可以自由自在，而庄子却要面对很多有形和无形的枷锁。就像我们周末总有超级多的作业要写，于是我们会羡慕小区里的猫猫狗狗，它们自由自在，跑来跑去，无忧无虑，什么作业也没有。庄子的这段话里，其实蕴含着对自在生活的向往。我们读庄子，有各种读法，但庄子对自由之境的描述，总能深深打动我们后人。

# 第六讲
# 怀璧其罪

初，虞叔有玉，虞公求旃。弗献，既而悔之。曰："周谚有之：'匹夫无罪，怀璧其罪。'吾焉用此，其以贾害也。"乃献之。又求其宝剑。叔曰："是无厌也。无厌，将及我。"遂伐虞公，故虞公出奔共池。

（《左传·桓公十年》选段）

《左传》相传为左丘明著，原名为《左氏春秋》，汉代改称《春秋左氏传》，简称《左传》，是中国古代一部叙事完备的编年体史书，更是先秦散文著作的代表，它标志着我国叙事散文的成熟。

左丘明这个人，现在我们对他已无具体史料可考，甚至连他究竟是姓左名丘明，还是姓左丘名明，都无法弄清。不过史学界还是有共识，共推左丘明为中国史学的开山鼻祖，将其誉为"百家文字之宗，万世古文之祖"。除了《左传》之外，左丘明还写了《国语》。作《国语》时，他已双目失明。所以司马迁才会说："左丘失明，厥有《国语》。"（《报任安书》）

我先来解释一下什么叫作"传"。这个"传"跟我们现在所说的名人传记的"传"是不一样的。我们读的《孔子传》《李白传》，都是人物的传记。但《左传》的"传"不是传记，而是指注解经文的文字。《春秋左氏传》，就是左丘明对《春秋》做的注解。《春秋》是我国第一部编年体历史著作，据说由孔子编订。《春秋》用于记事的语言极为简练，然而几乎每个句子都暗含褒贬之意，这种写法被后人称为"春秋笔法""微言大义"。所以，"孔子成《春秋》，而乱臣贼子惧。"（《孟子》）

《左传》是对《春秋》一书的注解，却因此奠定了中国著史的基础，在中国史学和文学史上非常有地位。我们最常见的古文选本《古文观止》第一篇《郑伯克段于鄢》，就出自《左传》。

本讲选读的这一段，不但故事有代表性，而且包含了一个非常有名的成语：匹夫无罪，怀璧其罪。这句话的最早出典，就在这里。"匹夫"就是平民的意思。清代哲学家顾炎武有一句响当当的名言——"天下兴亡，匹夫有责。"

在古代，璧是很贵重的东西。《尔雅·释器》中说："肉倍好，谓之璧。"也就是说，璧是一种边大于孔的环形玉器。由于呈圆形似天，璧在周代被作为祭器来"礼天"。

此外，璧代表着权势和地位，不同形制的璧还作为身份象征来使用。因此，平民百姓是不能持有璧的，也不能拿它来做买卖，否则就是越礼，会被治罪。有个著名的"和氏璧"的故事：和氏先后向两任楚王献璞玉，可两任楚王都不识货，以为献的只是石头，分别将和氏的两条腿砍断了，和氏只能抱璞玉哭泣。阿老师小时候就搞不懂，为什么和氏璧的发现者不能自己拥有它，而是一再想献给楚王。现在我知道了，因为他是普通百姓啊。

在这段选文里，虞叔其实是虞公的弟弟，玉璧也是他在虞国地位的象征。虞公向他索求玉璧，虞叔起先不给，但后来领悟了，就把玉璧献给了虞公。但是虞公还不满意，还要索求宝剑。我们从文章里可以看出，虞公索要的，其实不仅仅是这两件宝物，归根到底是虞叔的权力。虞叔献玉是为了表明自己不争权。可是虞公的索求不限于此，他还要得寸进尺。于是，当他进一步侵犯时，虞叔转而反叛求生。导致的后果呢，则是虞公出奔共池。

老百姓本来没有罪，但是拥有了不该拥有的东西，这就成了罪过。因为会有人嫉恨他，然后想办法来谋取他不该拥有的东西。这就是"匹夫无罪，怀璧其罪"的意思。

我们聊过的金庸的小说《笑傲江湖》，里面也有一个"匹夫无罪，怀璧其罪"的故事。福建福威镖局的总镖头林震南，在一夕之间惨遭灭门，原因何在？并不是因为他有什么罪过，而是因为他拥有了所有武林人士梦寐以求的武学宝典"辟邪剑谱"。传说，只要练习了这个剑谱，就会天下无敌。但是林震南本人却武艺平平，所以武林人士都认为，那是林震南资质不够，没有学到精髓。拥有一件稀世珍宝，但又没有能力去保护它，因此给自己一家带来了灭顶之灾。

《左传》的这篇文章不长，但有几个字挺难懂的，阿老师一一解释。

第一个是"旃"字。"旃"是代词，就是"这个"的意思。但是这个"旃"字的用法挺有意思的，它是一个合音兼词，读音是"之焉"的合音。"之"字和"焉"字连起来读，读快一点，就变成"旃"字的读音了。"旃"在这里就指代这块璧玉。

第二个是"贾"字。这是一个多音字：当用作姓氏时念作"jiǎ"，我们知道的《红楼梦》主人公贾宝玉的姓，就是这个"贾"字；当解释为买卖的时候念作"gǔ"，有一个词叫"商贾"，指的就是商人。"贾"念作"gǔ"的时候，还有招致的意思；"贾害"，就是招来祸害。

第三个是"厌"字，这里读作"yān"，是满足的意思。这个意思我们现在还在用，比如成语"贪得无厌"。但是"厌"的古音读第一声，现在我们一般读第四声了，这是古今读音的变化所导致的。

文言文当中，有很多实词和虚词，跟现代汉语的意思很不一样，我们在阅读时，需要多加注意。

# 第七讲
# 大道之行也

> 大道之行也，天下为公。选贤与能，讲信修睦。故人不独亲其亲，不独子其子，使老有所终，壮有所用，幼有所长，矜、寡、孤、独、废疾者皆有所养，男有分，女有归。货恶其弃于地也，不必藏于己；力恶其不出于身也，不必为己。是故谋闭而不兴，盗窃乱贼而不作，故外户而不闭。是谓大同。
>
> （《礼记》选段）

今天我们讲的语段，出自《礼记》。这个语段，可以说写出了历代读书人和老百姓对太平盛世的向往。中国人对最理想的社会的想象，在这一段话里有很好的描绘，我们至今还在用，即大同社会，或者叫天下大同。

这段话就描述了儒家对大同社会的想象。

我们先来讲一下《礼记》这本书。这本书大约成书于西汉时期，为西汉礼学家戴圣所编。其实历史上有《大戴礼记》和《小戴礼记》之分，前者是戴德所编，后者则是戴德的侄子戴圣所编。《小戴礼记》比较受后人的重视，也就是我们现在一般所称的《礼记》。

《礼记》与《周礼》《仪礼》合称"三礼"，并列于《十三经》中，可见这本书在儒家经典之中的地位。

本讲节选的部分，出自《礼记·礼运》篇，也是非常知名的篇章之一，开篇就提出了主要论点："大道之行也，天下为公。"这个大道，指的是儒家所谓的治道，即天下大治的状态。这个状态是什么呢？就是天下为公——整个天下是大家所共有的。

我们看一些相关的影视剧，会发现革命先贤孙中山在胸口佩戴着一枚徽章，徽章上刻印着四个字，"天下为公"。可见，孙中山先生作为一个政治家，他的理想就是建设一个天下为公的大同社会。

我们来看看大同社会的具体表现是什么样的。

"选贤与能，讲信修睦。"

品德高尚的人、能干的人会被选拔出来，人人讲求诚信，邻里之间和睦相处。

"故人不独亲其亲，不独子其子，使老有所终，壮有所用，幼有所长，矜、寡、孤、独、废疾者皆有所养，男有分，女有归。货恶其弃于地也，不必藏于己；力恶其不出于身也，不必为己。是故谋闭而不兴，盗窃乱贼而不作，故外户而不闭。是谓大同。"

人们不仅赡养自己的亲人，抚育自己的子女，也能使全社会的老年人安享晚年，使壮年人可以为社会效力，使孩子健康成长，使老而无妻的人、老而无夫的人、幼而无父的人、老而无子的人、残疾人都有人供养。男子有职务，女子有好的归宿。人们反对把财物弃置于地的浪费行为，并不想着将其据为己有；都愿意为公众之事竭尽全力，而不一定非得为自己谋私利。因此奸邪之谋不会发生，盗窃、造反和害人的事情不会发生，大门都不用关上了，这叫作理想社会。

我们来解释几个字。

"鳏寡孤独"中的四个字，在古代是各有所指的。在这个选段中，"鳏"字被写作"矜"字，这是个通假字。关于什么是通假字，以后我们有机会再说。那么，什么叫"鳏"呢？老而无妻，叫作"鳏"。所以有个词，叫作"鳏夫"。

"寡"，老而无夫。所以有个词，叫作"寡妇"。

"孤"，幼儿无父。所以有个词，叫作"孤儿"。请记住，幼儿只要无父，就是孤儿；就算妈妈还在，也叫作孤儿。这是古代一种特有的说法。

"独"，老而无子。

在文言文里，这四个字各有意义，跟我们现代已经不一样了。所以我们在读古文的时候，一定要知道这一点，不能按照我们现在白话文的意思，去随意理解。

还有一句话，就是"男有分，女有归"。"分"，是职分。"男有分"就是说男人都有自己的职责。"女有归"，刚才我们把这句话翻译为"女子有好的归宿"，但其实这是意译。按照字面意思，女子出嫁，叫作"归"。

阿老师小时候，看村里有人嫁女儿，门口贴大红的喜联，横批写着四个字：于归之喜。我一直不懂什么叫于归之喜。一直到初二，我读了《诗经》，《诗经》里有《桃夭》一篇："桃之夭夭，灼灼其华。之子于归，宜其室家……"看了注释，我才明白，女子出嫁叫作"归"。

这也是词语古今意义的不同。

总之，这就是大同社会了。千百年来，人们一直希望自己能生活在这样的社会里，没有饥寒交迫，没有战争，没有恐惧，人民和平幸福地生活着。

古今中外，有很多人都设想过这样的社会。比如，古希腊哲学家柏拉图提出了一个"理想国"。1516 年，英国人托马斯·莫尔写的书《乌托邦》出版，这本书也是他对理想社会的想象。这之后，我们就把对理想社会的想象，叫作乌托邦了。

中国也有人描绘过此类乌托邦，就是陶渊明笔下的桃花源。你看，《礼记》里有大同社会，到了晋代，就有陶渊明的桃花源。关于《桃花源记》，我们以后会具体地讲。

《礼记》中对理想社会的描述虽然令人向往，但是作者并没有为我们描述一条如何到达的道路。就像孟子一样，他讲了什么是王道，可是，他的阐述之内，显然是抒情多于实证；尽管是非常理想主义的，但我们后人很难按图索骥、按部就班地实现这一理想。所以说，"理想很丰满，现实很骨感"。也就是说，光是奢谈理想，会流于空想，实现理想的过程一样重要。所以，我们才相信一个观点：意义在于过程。

# 第八讲
# 女娲补天

　　往古之时，四极废，九州裂，天不兼复，地不周载，火爁焱而不灭，水浩洋而不息，猛兽食颛民，鸷鸟攫老弱。于是女娲炼五色石以补苍天，断鳌足以立四极，杀黑龙以济冀州，积芦灰以止淫水。苍天补，四极正，淫水涸，冀州平，狡虫死，颛民生。

（《淮南子》选段）

　　今天我们讲的又是一个神话，出自《淮南子》。这是西汉淮南王刘安及其门客收集史料编写而成的一部哲学著作，属于杂家作品。刘安的父亲刘长是汉高祖的庶子。庶子就是妾生的孩子，以区别于正妻生的孩子。正妻生的孩子，叫嫡子。

刘长被封为淮南王，刘安作为长子，承袭父爵，故亦称淮南王。这部以他的名义编著的书就叫《淮南子》。

《淮南子》其实是一部很复杂的书，倾向于道家思想，但因为编写的人很多，所以我们也不知道这些人究竟各自秉持什么观念。总之，书中有很多神话故事，可读性强，可以让我们了解古人在想什么，怎么理解这个世界。

关于神话，我们在第一讲中已经讲过了，神话是一个民族对于自身来历和起源的共同认知，神话建构了我们的文化认同，让我们成为一个想象的共同体。"女娲补天"这个神话非常重要，就跟女娲这个人物形象一样重要。

中国的创世神话是很完备的。开天辟地的，有盘古；造人的，则是女娲；而一旦有了灾祸，也会出现一个大神，来挽救人民。

这段话中的"四极"，就是四根柱子；"四极废"，就是四根柱子断了。你看，这是我们先民对宇宙的认识。他们认为，大地在下面，天空在上面像幕布一样盖着大地。天空为什么不掉下来呢？因为有四根柱子撑着。《敕勒歌》中也说："天似穹庐，笼盖四野。"

"天圆地方"这个说法，是中国古人的一贯认识。一直到晚清，"地圆说"传入，我们才发现：啊，原来地球是个球！有个秀才听了，不相信，哈哈大笑说："这是什么鬼话！地球是圆的，美利坚在我们的另一边？那么，美国人都是倒着走路的喽？"这是个冷笑话，但当时科学尚未昌明，很多人真是这么想的。

再来看"九州裂"。学过龚自珍"九州生气恃风雷"的读者就该知道，"九州"是中国的别称，因为古代中国分为九个州。《尔雅·释地》中有记载，九州是冀州、豫州、雍州、荆州、扬州、兖州、徐州、幽州、营州。

"天不兼复，地不周载"是什么意思？天已经不能全部盖住大地了，大地不能全部承载万物生灵了。这时，到处是火灾或者水灾。为什么会发生水灾？因为天漏了，雨下个不停。凶猛的野兽吞吃善良的人民，凶猛的大鸟把老弱者都抓去。

这像不像电影《疯狂原始人》中的场面？在人类的蒙昧时代，生活真是很不容易，在跟大自然做斗争的时候，人类处于弱势，基本上就是猛兽的食物。《疯狂原始人》这个动画片里，有个智人叫盖，他会用火，就和穴居人瓜哥一家一起努力，从天崩地裂的灾难中逃离出来。有火，人类就可以有效地吓阻猛兽，也因为有了火，人类开始吃熟的东西，消化、吸收更容易了，大脑的发育更健康，人类变得越来越聪明。

有个叫尤瓦尔·赫拉利的学者写了一本畅销书，叫作《人类简史》。书中说，人类在发展出群体协作能力之前，基本就是猛兽的食物。这很可悲，是不是？所以，赫拉利有一个观点，就是智人之所以能战胜尼安德特人，是因为智人的组织能力、群体协作能力，比尼安德特人好太多。群体协作能力、想象力，以及更为缜密的逻辑思维，最终使智人从动物当中脱颖而出，成为万物之灵长。我们现代人，就是这些智人的后代。

人们没有办法救灾，只好幻想一个大神来帮忙。于是超级英雄就出现了。女娲也相当于超级英雄，是我们中国古代的超级英雄。女娲炼出五色石来补苍天，斩断大龟的四脚作为四根梁柱，杀死黑龙来拯救大地，堆积芦苇的灰烬来抵御洪水。苍天得以修补，四个天柱得以竖立，洪水消退了，四海平定了，恶禽猛兽死去了，善良的百姓活下来了。

中国古代的超级英雄，不只女娲一个。我们来罗列一下还有谁。比如后羿，"后羿射日"讲了一个关于旱灾的故事。比如大禹，大禹是救水灾的。比如神农氏，他遍尝百草，是农业的祖先，还是治百病的医生。

你发现了吗？神话，其实是我们现实生活的反映。女娲怎么治水？积芦灰来治水。当时没有水泥地，下雨了，地上都是泥泞，怎么办？撒点芦灰啊。小时候，我的家乡还有很多路是煤渣路。煤渣也能吸水，保持干燥。所以说，神话虽然想象雄奇，但归根结底还是来源于生活的。神话是我们的先民对生活的一种投射。中国神话如是，西方的神话也如是。

# 第九讲
# 高山流水

伯牙善鼓琴，锺子期善听。伯牙鼓琴，志在登高山。锺子期曰："善哉！峨峨兮若泰山！"志在流水，锺子期曰："善哉！洋洋兮若江河！"伯牙所念，锺子期必得之。

伯牙游于泰山之阴，卒逢暴雨，止于岩下；心悲，乃援琴而鼓之。初为霖雨之操，更造崩山之音。曲每奏，锺子期辄穷其趣。伯牙乃舍琴而叹曰："善哉！善哉！子之听夫！志想象犹吾心也。吾于何逃声哉？"

（《列子》选段）

今天我们来讲一个非常有诗意的故事，这个故事叫"高山流水"，因为实在太美好了，于是代代相传，成为友谊之典范、千古之绝唱。形容友谊，我们一般会说"管鲍之交""刎颈之交"，以及"高山流水"。其中，"管鲍之交"讲的是管仲和鲍叔牙的友谊，"刎颈之交"指的是廉颇、蔺相如之间的友谊。这两个故事中的友谊，重在互相信任；而"高山流水"中的伯牙和锺子期，其友谊则重在知音，重在理解。

伯牙是楚国人，善于演奏古琴；锺子期善于欣赏。伯牙演奏古琴，心里想着高山，锺子期就听出来了，说："好呀，这音乐啊，高大巍峨，就像泰山啊。"伯牙心里想着流水，锺子期就说："好呀，汪洋浩荡，就像大江大河。"伯牙心里想的，锺子期都能猜到。伯牙游于泰山之北，突然遭逢了大雨，在一块大岩石下面躲雨，心里有点忧伤，就把琴拿出来，开始演奏。开始的时候他演奏的是连绵大雨的声音，接着又演奏出山崩的声音。每次演奏，锺子期都能说尽琴声中的趣味。伯牙就把琴放在一边，感叹道："你的耳朵太好了！你脑子里想的，就是我的心意。我怎么能让我的琴声逃过你的耳朵呢？"

讲完故事，阿老师来解释两个字。一个是"鼓琴"的"鼓"字。"鼓"字在现代往往指一种乐器，是个名词。但在文言文里，"鼓"是个动词，用来表示演奏的意思。《史记·廉颇蔺相如列传》里说到的"鼓瑟"，就是演奏瑟这种乐器。

另一个是"泰山之阴"的"阴"字。你发现了吗？阿老师将"泰山之阴"解释为泰山之北。为什么呢？因为在古时候，凡事都分阴阳。在地理上，山南水北为阳；相反，山北水南就是阴。知道了这一点，你就知道了中国古代很多城市名字里的秘密。

有一个城市叫洛阳，请问：这个城市，是在洛河的南边还是北边呢？山南水北为阳，所以，洛阳在洛河的北边。当然，那是古时候，现在，洛阳早就横跨洛河了。

阿老师所在的城市叫绍兴。绍兴在古代有个别名，叫山阴。我先提示你，这个"山"，指的是会稽山。那么，绍兴是在会稽山的北面还是南面呢？对了，在会稽山的北面。所以，你记住山南水北为阳，就明白了古代地名的命名规律。

现在，我有一长串名字：淮阴、富阳、华阴、南阳……你去找找吧，这些城市分别在哪座山、哪条河的哪一边。

伯牙和子期的故事也被收录在明朝冯梦龙编写的《警世通言》里，叫《俞伯牙摔琴谢知音》。在这个版本的故事里，他们两个都是楚国人，但俞伯牙在晋国担任官职。俞伯牙出使楚国，回去的时候，从水路走，经过洞庭湖边，遇到大雨和风浪，就在一个避风港里躲雨。躲雨无聊，他就拿出琴来弹奏，弹着弹着，突然琴弦断了一根。俞伯牙认为，一定是边上有人在偷听。他去找，果然发现一个打柴人在那儿偷听。这个打柴人，就是锺子期。锺子期对俞伯牙的琴音和琴艺的评论非常到位，两个人相见恨晚，于是就约好第二年的这个时间再来相聚。第二年，俞伯牙在晋国的国君那里告了假，匆匆赶到约好的地点，可左等右等，锺子期都没来。于是俞伯牙就到钟家村去探望，原来，锺子期发奋读书，过于用功，又加上感染风寒，已经去世了。俞伯牙非常悲痛，就在锺子期的坟前弹奏了一曲锺子期最喜欢听的音乐。弹完，俞伯牙就把琴弦都弄断了，然后举起焦尾琴，狠狠砸在岩石上，说："知音已死，我这辈子再也不鼓琴了。"

这就是高山流水觅知音的故事。

这个故事为后人所感叹的，就在于他们两个人之间对于技艺的默契。我们很难找到如此相投的朋友，这也是从古至今我们总是感叹知音难觅的原因。

　　我们的身边，也有很多伙伴、朋友。在不同的年龄段，我们的朋友和伙伴也是不同的，其中大多数往往只是我们的玩伴，彼此陪伴一段时间，共同成长而已。有锺子期和俞伯牙这种交情的朋友，还真不多。近代史上，鲁迅和瞿秋白就有这样的默契，所以鲁迅曾给瞿秋白写过一副对联："人生得一知己足矣，斯世当以同怀视之。"

　　无论谁拥有这样一个朋友，请务必珍惜。

# 第十讲
## 李将军列传赞

太史公曰：传曰"其身正，不令而行；其身不正，虽令不从"。其李将军之谓也？余睹李将军悛悛如鄙人，口不能道辞。及死之日，天下知与不知，皆为尽哀。彼其忠实心诚信于士大夫也？谚曰："桃李不言，下自成蹊。"此言虽小，可以谕大也。

（《史记·李将军列传》选段）

这篇短文节选自《史记·李将军列传》，讲的是西汉的大将、号称"飞将军"的李广的故事。原文很长，我们可以参看《史记》里的全文。这里只选了原文的结尾，即司马迁给李广的赞词。什么叫赞词？赞词不是赞扬的词语，而是对传主的一个客观评价。对李广的这个评价，是由司马迁做出的。司马迁的职位是太史公，所以选文里第一句就说"太史公曰"，表示下面的话都是太史公的评论。

太史公的赞词里，首先引用了一句古代名言。"传曰"中的这个"传"，指的是儒家经典，泛指好多书，不单指某一本。但"其身正，不令而行；其身不正，虽令不从"这句话，其实有明确的出典，即《论语》。司马迁引用这句话来作为对李广的评论，意思是在上位的人自身行为端正，即使不下命令，人们也会遵守奉行；自身行为不正，即便下了命令，人们也不会遵守奉行。

接着，司马迁继续评论：这句话，说的大概就是李广将军吧。我看到李将军忠厚老实，像个乡下人，不善言谈。到他死的那天，天下认识和不认识他的，都为他尽情哀痛。他那忠实的品格的确得到了士大夫们的信赖啊！谚语说："桃树、李树不会说话，可是树下自然会被人踩出一条小路。"这话虽然说的是小事，却可以用来说明大道理呀。

"悛悛如鄙人"，"悛悛"就是忠厚老实的样子；"鄙人"不是指卑鄙的人，而是指普通人、乡下人。如今，"鄙人"则是一种自谦之词。

这段文字被我们后人记住，还因为其中有一个成语，就是"桃李不言，下自成蹊"。"蹊"，就是小路。这个成语的意思是桃树和李树不主动招引人，但人们都来看它们开出的鲜花，采摘它们结出的果实，于是在树下走出了一条小路；比喻为人品德高尚、诚实、正直，用不着自我宣传，就自然受到人们的尊重和敬仰。

司马迁的这个评论，对李广来说，是很贴切的。

在历史上，李广是一个传奇人物。关于他的最著名的传说，就是"李广射虎"。李广外出打猎，把草里的一块石头看成了老虎，就向它射去，结果整个箭头都射进石头里了。他又试着射了几次，却再也不能把箭射进石头里。

这个故事，因为是《史记》里记载的，所以历来为人们所传扬。唐朝诗人卢纶还写了一首《塞下曲》，相信大家也是听说过的。

> 林暗草惊风，将军夜引弓。
> 平明寻白羽，没在石棱中。

你看，"平明寻白羽，没在石棱中"，讲的就是这个故事。

阿老师小时候读过这个故事，觉得真是好神奇，恨不得也有一把好弓箭。现在想来，如果科学地考虑，这个故事似乎不太可信呢！但我们不必管它，因为这是文学，是可以虚构和夸张的。

还有一首更著名的诗歌：王昌龄的《出塞》。

秦时明月汉时关，万里长征人未还。

但使龙城飞将在，不教胡马度阴山。

这里有个"龙城飞将"，一般也被认为是李广。因为李广号称"飞将军"。但也有人解释说，"龙城飞将"并非指李广一人："龙城"指的是卫青，因为他曾奇袭龙城；"飞将"指的是"飞将军"李广。"龙城飞将"指卫青、李广两人，甚至是指汉朝众多抗击匈奴的名将。

李广善于骑射，一生军功赫赫，但是到死都没有被封侯，所以，在王勃的《滕王阁序》里，还留下了"冯唐易老，李广难封"的名句。那为什么李广没有被封侯呢？

当然，原因有很多。比如汉文帝曾经感慨地对李广说："可惜啊！你没遇到好时机。如果你赶上高祖的时代，封个万户侯还在话下吗？"这句话说明，李广没生在一个开疆拓土的好时代，所以封侯的机遇不好。

　　也有人指出，李广性格上有缺陷，能力上也有不足，比如欠缺运筹帷幄的战略能力以及大局意识等。虽然在小规模战斗上，他表现得很勇猛，拥有处变不惊的大将气度，但这些只能使李广扬名；在大规模的战斗中，李广屡战屡败，没有大的战绩可言，因此至死难封。后来，因为军队战败，李广自刎而死。

　　当然，这也只是一家之言。究竟还有什么原因，也是可以继续分析的。阿老师不明白的是，干吗一定要封侯呢？人生可以有另外的追求呀！

　　为什么古人总是很感叹李广有这么大的军功，却没有被封侯呢？因为古代的中国，是一个帝王专制的国家，有能力的人只有做官这一条出路。不像现在，有很多就业机会，也有很多行业。无论在哪一个行业，只要你努力，都能做出一番事业。但在中国古代，没有这么多的选择和机会。所以古人常有怀才不遇、英雄无用武之地的感慨。

　　而事实上，像李广这样名垂青史可比封万户侯强多了。就像司马迁的赞词，写得多棒："桃李不言，下自成蹊。"就像如今人们所说的："金杯银杯，不如老百姓的口碑。"

　　说个题外话：司马迁跟李广家是有交情的。李广有个孙子，叫李陵。汉武帝曾派李陵率领步兵射手五千人，出兵到居延海以北大约一千里的地方抗击匈奴。匈奴单于用八万大军截击李陵的军队。李陵军队的箭射光了，士兵死了大半。匈奴兵堵住狭窄的山谷，截断了他们的归路。李陵军队缺乏粮食，救兵也迟迟不到，敌人加紧进攻，并劝诱李陵投降。李陵说："我没脸面去回报皇帝了！"于是他就投降了匈奴。单于平素就听过李家的名声，知道李陵打仗时很勇敢，就把自己的女儿嫁给了李陵，给了李陵很尊贵的待遇。汉武帝知道后，就下令杀了李陵的家人。

　　正是在这件事上，司马迁为李陵仗义执言，认为李陵也是情有可原的，结果得罪了汉武帝，受了宫刑。这就是司马迁与李家一言难尽的故事。

# 第十一讲
# 与严光

古大有为之君，必有不召之臣。朕何敢臣子陵哉。惟此鸿业，若涉春冰，譬之疮痏，须杖而行。若绮里不少高皇，奈何子陵少朕也。箕山颍水之风，非朕所敢望。

（刘秀《与严光》）

本讲所选的短文其实是一封信，东汉的开国皇帝光武帝刘秀写给他的老同学严光的信。

严光，字子陵，会稽余姚（今浙江余姚）人。按照汉代的行政区域划分，严光也是绍兴人，是阿老师的同乡。严光和刘秀是同学，但是年轻的时候，严光比刘秀有名，因为严光"少有高名"。而刘秀呢，幼年时就成了孤儿，是叔叔把他养大的。他小时候还必须种地，后来才读了书，但也没有表现出很出众的样子。也就是说，在当时，严光比刘秀优秀。大家以认识严光为荣，没人知道刘秀是谁。

后来，刘秀当了皇帝，就邀请严光去朝廷做官，好让他辅佐自己。但严光以隐士著称，一直都不肯去，刘秀就写了这封信。

阿老师来解释一下刘秀这封信的内容：

"我听说，古代贤德的君主，手下必定有不能召唤的臣子，我又怎么敢强迫子陵为我工作呢？只是现在天下刚刚平定，百废待兴，各种业务都应该小心翼翼地恢复和发展，稍有不慎就会前功尽弃。过去汉高祖平定天下时，著名隐士'商山四皓'没有轻视他的出身，而出来尽心尽力地辅佐汉室，那么子陵为什么不肯帮助老朋友治国安邦呢？过去尧治理天下时，贤士许由躲到箕山隐居，在颍水边弃名洗耳，这种隐士的高风亮节的确值得推崇，但是我不希望子陵效仿他们。"

这里比较难懂的是两个典故。一个是"绮里不少高皇"，这是什么意思呢？"绮里"，指的是绮里季，他姓吴名实，是汉初隐士。秦末东园公唐秉、绮里季吴实、夏黄公崔广、甪里先生周术为躲避战乱，隐居在商山，他们都八十多岁，须眉皓白，被称为"商山四皓"。后来汉高祖欲废太子，吕后用留侯计，迎"商山四皓"辅佐太子，于是汉高祖就放弃了废黜太子的想法。绮里季为"商山四皓"之一，后世亦以"绮里季"泛指隐士。

"箕山颍水之风"，也是一个典故，讲的是许由的故事。许由是帝尧时代的隐士。相传尧知其贤德，要把君位让给他，他推辞不受，逃到箕山下，耕田而食；尧又让他做九州长官，他跑到颍水边洗耳，表示不愿听到这些世俗浊言。

了解了这两个典故，我们就了解了这篇短文。光武帝希望严光出来辅佐他治理天下，通过写信的方式来表示对严光的邀请。

短文里还有两处比喻，也很有意思。一处是"惟此鸿业，若涉春冰"。"鸿业"指的是治理天下的大业，因为责任重，所以战战兢兢，就像踩着春天河面的薄冰一样。"春冰"这个比喻很形象、很出色，说明冰很薄，走在上面就得小心翼翼。

另一处比喻是"譬之疮痏，须杖而行"。"疮痏"就是创伤。受了伤，需要倚靠拐杖走路。这个拐杖，就是辅佐的意思。古代辅佐国君治理天下的那个人，就叫相国。相，也是辅佐的意思。而这个"相"字的构造：左边一个木字旁，右边一个"目光"的"目"，表示眼睛。这个"相"字，指的就是盲杖，盲人用来辅助走路的拐杖。"须杖而行"，也是非常巧妙的比喻，召唤严光前往。

最后严光还是选择了隐居，隐居在富春江畔。至今，富春江畔还有他隐居留下的遗址，比如严子陵钓台等。富春江在当时就已经以其风景秀丽而著称了。隐士们总是喜欢找好山好水隐居起来，寄情山水。

那么，为什么有那么多的古人喜欢当隐士呢？

你看，许由、"商山四皓"，还有严子陵，都是隐士。在唐朝，终南山里更是住满了隐士。

我想，原因有很多。躲避战乱，是其中一个原因。像"商山四皓"，就是为了躲避战乱，所以天下太平后，他们就出来做事了。

人各有志，也是其中一个原因。有的人喜欢出来做官，有的人喜欢自己待着，讨厌一切尘世的烦扰。这跟有的人喜欢下厨房，而有的人讨厌油烟味是类似的，不用解释理由。陶渊明就是出了名的不想做官，还写下了"误落尘网中，一去三十年"的名句，喜欢"采菊东篱下，悠然见南山"的状态。

还有一个原因：中国古代读书人的人生哲学向来是儒道互补，"穷则独善其身，达则兼济天下"。儒家比较积极进取，主张出来为老百姓做事，扶危济困。道家主张"无为"，按字面意思可以理解为无所作为。当然，无所作为也不是我们现在所说的"躺平"，而是一种哲学态度，主张的是顺应自然之理，如庄子所说的"乘天地之正"。所以很多信奉道家学说的知识分子，也会选择隐居，不理世事。

对于严光的选择，历来多有争议。有人觉得严光应该出来做事，使国家重新繁荣，人民安居乐业。但也有人觉得严光有风骨。如范仲淹，他曾这样颂扬严光："云山苍苍，江水泱泱，先生之风，山高水长。"（《严先生祠堂记》）

至于严光自己是怎么想的，我们后人已经无法知道了，只能想象。严光的隐居，说起来还是比较复杂的，有价值观上的原因，也有小心眼的可能。我们前面说过，严光年轻时比刘秀名气大多了。可是现在呢？"一个名不见经传的'学渣'成了皇帝，我，严光，一代大儒，居然要向我的'学渣'同学称臣，面子上可有点过不去啊。"他会不会这样想呢?

　　当然,严光也不是完全没有理光武帝。有一次,他还去光武帝宫中做客。聊完天,两人在同一张床上睡着了。第二天,掌管天象的官员就来报告光武帝,说有客星冲撞了紫微星。光武帝笑笑说:"无非是昨晚严光跟我睡一张床,把脚搁在我的肚子上罢了。"

　　紫微星又名北极星、北辰星。中国古代的天文学家认为,紫微星的位置永恒不移,应是天帝的居所。因此,紫微星也被称为帝星。所谓客星冲撞了紫微星,只是严光睡觉时把脚搁在了刘秀肚子上而已。当然,这只是传说,姑妄言之、姑妄听之就是了。

# 第十二讲
## 论文

　　文人相轻，自古而然。傅毅之于班固，伯仲之间耳，而固小之，与弟超书曰："武仲以能属文为兰台令史，下笔不能自休。"夫人善于自见，而文非一体，鲜能备善。是以各以所长，相轻所短。里语曰："家有弊帚，享之千金。"斯不自见之患也。

（曹丕《典论·论文》选段）

　　这段话里最著名的一个句子，就是"文人相轻，自古而然"。古代文学史上，文人看不上别人的故事特别多。比如苏轼看不上王安石。王安石写了一本书来解释汉字，说"波者，水之皮也"。波浪是浮在水面上的，所以"波"就是"水之皮"。苏轼觉得太可笑了，就取笑说："这么说来，滑者，水之骨也。"因为"滑"字就是三点水加一个"骨"字。

近代有位名教授叫刘文典，他是文人相轻最有意思的代表人物之一。有一次，他讲庄子，说："这个世界上，只有一个半人，可以讲庄子，一个是庄子本人，还有半个，就是我刘文典。"他一生特别佩服陈寅恪，最看不起的就是沈从文。据许渊冲回忆，刘文典曾在课堂上说道："陈寅恪才是真正的教授，他该拿四百块钱，我该拿四十块钱，沈从文只该拿四块钱。"

曹丕是曹操的次子，初为魏王，后来称帝，结束了汉朝的统治，史称魏文帝。曹丕文武双全，是个特别有才华的人，跟父亲曹操、弟弟曹植并称"三曹"。他们三父子和当时著名的"建安七子"一起，奠定了建安时代雄健深沉的文风，后人称之为"建安风骨"。

曹丕的诗文都很杰出，各种题材都有名作传世。我们这次选的是曹丕的文论，就是文学评论。《典论》是中国第一部系统的文艺理论批评专著，其中的《论文》是最为知名的篇章，里面讨论了当时各家文学高手的成就，相当公允。

本讲节选的这一段，阿老师来给大家解释一下。

　　文人互相轻视，自古以来就是如此。傅毅和班固两人文才相当，不分高下，然而班固轻视傅毅。班固在写给弟弟班超的信中说："傅武仲因为能写文章当了兰台令史，但下笔千言，不知所止。"人们总是善于看到自己的优点，然而文章不是只有一种体裁，很少有人各种体裁都擅长的，因此各人总是以自己擅长的来轻视别人不擅长的，俗话说："家中有一把破扫帚，自己也会觉得价值千金。"这是看不清自己的毛病啊。

　　这段话包含了两个成语：一个是"文人相轻"，一个是"敝帚自珍"。"文人相轻"，上文我们已经解释了。"敝帚自珍"，就是对一把破扫帚，自己还十分珍爱，比喻偏爱自己的作品。

　　在这个语段中，曹丕以傅毅和班固的故事为例。傅毅和班固都是东汉著名的文学家，傅毅是当时著名的辞赋家，班固则是史学名著《汉书》的作者。班固对弟弟班超说："傅毅因为文章写得好，就当了兰台令史，但是他写文章啊，下笔千言，不知道该在哪里停止。"这句话就是讲傅毅写文章不知道节制。节制，是一种美德。班固对傅毅的评价，其实还是蛮客气的，但确实也很形象地体现了文人相轻的情况。

　　曹丕说，大家各有所长，各有所短，不能以自己所长，看别人所短。这个评论，很客观，很公允。因为我们每个人，都会觉得自己好，只看到自己的好处，家里的一把破扫帚，也觉得价值千金。

　　其实，在《典论·论文》里，还有一句名言："盖文章，经国之大业，不朽之盛事。"这句话的意思是说，文章是关系到治理国家的伟大功业，是可以流传后世而不朽的盛大事业。这种写作的态度显然很高级：写文章不是遣词造句那么简单，也不是雕虫小技，而是非常崇高的一件事，关系到"不朽"，是对人生意义的一种追问。从《典论·论文》开始，文学和文艺批评就有了一种自觉性。这是文学创作上的一个质的飞跃。

# 第十三讲
# 思旧赋序

余与嵇康、吕安居止接近，其人并有不羁之才。然嵇志远而疏，吕心旷而放，其后各以事见法。嵇博综技艺，于丝竹特妙。临当就命，顾视日影，索琴而弹之。余逝将西迈，经其旧庐，于时日薄虞渊，寒冰凄然！邻人有吹笛者，发声寥亮。追思曩昔游宴之好，感音而叹，故作赋云。

（向秀《思旧赋序》）

讲到向秀的《思旧赋》，阿老师不得不再次提一下自己的老乡鲁迅先生。鲁迅其实很喜欢"竹林七贤"，他在文章里多次提及向秀的《思旧赋》，最著名的就是《为了忘却的记念》一文，纪念"左联"五烈士，其中写道："年青时读向子期《思旧赋》，很怪他为什么只有寥寥的几行，刚开头却又煞了尾。然而，现在我懂得了。"

那么，鲁迅懂得了什么呢？

这里节选的是《思旧赋》的序言，阿老师先来解释一下：

"我和嵇康、吕安的行止相近，他们都有不受拘束的才情。可是嵇康的志向高远而疏阔，吕安的心胸旷达而豪放，之后各自因为一些事情而被杀。嵇康精通多种技艺，音律方面尤其高妙。等临刑之时，他回头看了看太阳的影子，要琴来弹奏。我正要西行，路过我们旧日的居所，这时，太阳就要下山了，寒冰显得更加凄凉。邻居有人在吹笛，吹出的声音嘹亮而悲怆，似在追怀往昔一起游玩宴乐的情分。我被这笛声触动，不禁深深叹息，所以写下这篇赋。"

这里要讲讲时代背景，以及"竹林七贤"的故事。"竹林七贤"指的是魏晋间七位著名的文学家，分别是嵇康、阮籍、山涛、向秀、刘伶、王戎、阮咸。他们经常聚集在当时的山阳县竹林之中，喝酒唱歌，总而言之，非常地"放飞自我"。

这七个人都非常有才华，作品和名声都流传后世。向秀的这篇《思旧赋》，跟嵇康和吕安有关。吕安虽然不属于"竹林七贤"，但也是当时的大才子。嵇康和吕安都不为当时掌权的司马氏所容，后来都被杀了。

嵇康是当时的名士，首先他很有才华，其次人还很帅，据说长得玉树临风。《世说新语》说他"岩岩若孤松之独立"，就像高山上的孤松那样傲然独立。

嵇康行刑当日，三千名太学生集体请愿，请求朝廷赦免他，并要求让嵇康来太学任教。他们的这些要求并没有被同意。临刑前，嵇康神色不变，如同平常一般。他看了看太阳的影子，知道离行刑尚有一段时间，便索要平时最爱用的琴，在刑场上抚了一曲《广陵散》。曲毕，嵇康把琴放下，叹息道："《广陵散》从此绝矣。"

说到这个故事，阿老师又要提到金庸的《笑傲江湖》了。在这部小说里，有一对像俞伯牙和钟子期一样的知音，就是"魔教"长老曲洋和衡山派的刘正风。他俩因为音乐而结交，各自光风霁月、问心无愧，却不容于流俗。他俩死前合奏了一曲《笑傲江湖》。这支曲子的曲谱，其核心的篇章，就来自《广陵散》。嵇康临刑前说："《广陵散》于今绝矣！"（《世说新语》）但是，曲洋相信在嵇康之前应该有古人留存了《广陵散》曲谱，最终果然找到了，因而才有了《笑傲江湖》之曲。当然，这只是小说家言，取其传奇色彩而已。

嵇康被杀，据说是因为得罪了钟会。怎么得罪的呢？钟会是个大官，仰慕嵇康的文名，没有预先约定，就去看望嵇康。钟会到的时候，嵇康正在柳树下面打铁，对钟会不理不睬。钟会讨了个没趣。他走的时候，嵇康问："何所闻而来，何所见而去？"钟会没好气地说："闻所闻而来，见所见而去。"两人这就结下了梁子。

嵇康平时打铁，向秀就在一旁鼓风，来维持冶炼炉的高温，两人配合默契。向秀本人喜欢种菜，还给自己的菜园子取名"碧野园"。他经常去嵇康家，和嵇康、吕安一起汲水灌园。有的小读者就纳闷了，为什么隐士不好好读书，反而干起打铁、种菜的活儿来了？其实隐士的生活就是这样，寄情于这种日常事务，远离现实政治的纷争。三国时期的诸葛亮，隐居在南阳时，就亲自耕种，也就是"躬耕陇亩"。

嵇康被杀，表面上的原因是得罪了钟会，事实上却是因为司马氏早就有了杀嵇康的心。三国时的魏国本来是曹氏的，开国皇帝就是曹丕，但曹丕的后代不争气，魏正始年间，司马氏专权，把曹家的政权据为己有。嵇康的夫人，是曹操的曾孙女，所以嵇康也被看作曹家的人，司马氏自然要除之而后快。

此外，"竹林七贤"这些人常常啸聚山林，讥评时政。嵇康尤其如此，是其中的代表性人物。司马氏几次叫他做官，想为己所用，嵇康都辞而不就。这样，司马昭就认为嵇康不听话，有二心，不是自己的人。这就为嵇康的杀身之祸埋下了伏笔。

我讲了那么多，无非是要说一点：当时的政治形势非常紧张，权力斗争很激烈，而且文网严密，一不小心站错了队，或者说错了话，就会招来杀身之祸。

向秀也是"竹林七贤"之一，他是嵇康特别好的朋友，思想倾向跟嵇康差不多，也崇尚老庄。他跟嵇康一样，一直不喜欢做官，只想隐居，研究自己的学问。但是嵇康被害死之后，司马昭就征召向秀去洛阳当官。这个时候，去还是不去呢？不去，也许就意味着，他跟嵇康是一伙的，要跟司马氏政权对着干。为了苟全性命于乱世，向秀不得不听从征召，去洛阳当官。

向秀去赴任的路上，经过嵇康在山阳的故居，心里想念故人，不由得写下了一篇《思旧赋》。为什么这篇文章要写得这么隐晦、这么短，我们也就可以理解了。因为，这是政治高压之下不得已而为之的曲折表达。

所以，鲁迅说，他理解向秀的《思旧赋》为什么刚开了头又煞了尾了。《思旧赋》以含蓄的笔法，表述了对友人的深情厚谊；用简短的笔墨，隐晦曲折地表达了自己的哀伤激愤之情。本文还留下了"山阳邻笛"这个典故，哀怨愤懑，情辞隽远，成为后世文学审美的意象之一。

而鲁迅所处的时代，跟魏晋时期一样文网严密。鲁迅在文章中引用向秀的《思旧赋》，也是其来有自的。

# 第十四讲
## 兰亭集序

　　永和九年，岁在癸丑，暮春之初，会于会稽山阴之兰亭，修禊事也。群贤毕至，少长咸集。此地有崇山峻岭，茂林修竹，又有清流激湍，映带左右，引以为流觞曲水，列坐其次。虽无丝竹管弦之盛，一觞一咏，亦足以畅叙幽情。

　　是日也，天朗气清，惠风和畅。仰观宇宙之大，俯察品类之盛，所以游目骋怀，足以极视听之娱，信可乐也。

　　夫人之相与，俯仰一世。或取诸怀抱，悟言一室之内；或因寄所托，放浪形骸之外。虽趣舍万殊，静躁不同，当其欣于所遇，暂得于己，快然自足，不知老之将至；及其所之既

倦，情随事迁，感慨系之矣。向之所欣，俯仰
之间，已为陈迹，犹不能不以之兴怀，况修短
随化，终期于尽！古人云："死生亦大矣。"岂
不痛哉！

每览昔人兴感之由，若合一契，未尝不
临文嗟悼，不能喻之于怀。固知一死生为虚
诞，齐彭殇为妄作。后之视今，亦犹今之视
昔，悲夫！故列叙时人，录其所述，虽世殊
事异，所以兴怀，其致一也。后之览者，亦
将有感于斯文。

（王羲之《兰亭集序》）

《兰亭集序》大家都很熟悉，阿老师不打算逐字解
释了。大家随便找本参考书，里面都会有注释和翻译。
这篇文章太著名了，也太美了，里面有很多词语我们现
在还在用，比如"崇山峻岭""游目骋怀"等。

阿老师生活在绍兴。绍兴有一条路，叫和畅堂，是
秋瑾故居所在地。和畅堂，即得名于《兰亭集序》。

关于王羲之，一般我们认为他生活在公元303—361年，也有人说是公元321—379年。总之，那是东晋时期。王羲之其实是琅琊人，琅琊大概是现在的山东临沂一带。衣冠南渡后，王羲之的家族就定居在了绍兴。王羲之晚年时迁居剡溪，就是现在的浙江嵊州。他去世后葬在剡溪的金庭，那里现在还有王羲之墓。

其实，在王羲之他们来绍兴之前，绍兴的山水之美，外人很少知道。王羲之等一大批中原文人到来，对这里大加赞赏，绍兴的山水之美才为外人所知。王羲之说："山阴道上行，如在镜中游。"（《世说新语》）王羲之的儿子王献之则说："从山阴道上行，山川自相映发，使人应接不暇。"（《世说新语》）这样，绍兴的山水之美，就广为人知了。

王羲之书写的《兰亭集序》被称为"天下第一行书"。他书文双绝，书法一流，文章也一流。我们今天只讲文学。

王羲之所在的年代，每年的三月初三有个仪式，叫作修禊，是一种祭祀行为，是被除疾病和不祥的活动。来参加永和九年的仪式的有四十多人，知名的有谢安、孙绰等。仪式结束后，他们就坐在水边开始喝酒，采用的形式就是"曲水流觞"。

"曲水"就是一条弯弯曲曲的小溪。"觞"指的是酒杯，"流觞"就是把酒杯放在小溪上任其顺水漂流。这些文人墨客将盛了酒的觞放在溪中，任其由上游徐徐而下，经过弯弯曲曲的溪流，在谁的面前打转或停下，谁就得即兴赋诗并饮酒。据史书记载，在这次游戏中，有十一人各成诗两篇，十五人各成诗一篇，十六人作不出诗，各罚酒三杯。这就是"曲水流觞"的故事。

大家的诗被编成一本诗集，叫作《兰亭集》，王羲之乘着酒兴，写下了举世闻名的《兰亭集序》。

这篇文章一共分为四段。每一段各有关键。第一段叙述了事情的缘由。第二段开始抒情，我们可以抓住几个关键字来理解。第二段讲一个"乐"字。"信可乐也"，这个"可乐"，可不是我们现在喝的饮料，而是值得快乐的意思；"信"，是确实的意思。

阿老师讲一个自己的故事。阿老师不喝酒，只喝可乐，跟朋友一起吃饭，号称自己是"可乐党"。朋友不答应，非得让我喝酒。我说，这是王羲之规定的，不能喝酒，只喝可乐。有人就问为什么。我说，因为王羲之说"信可乐也"。当然，这是玩笑话。

第三段讲一个"痛"字。兰亭聚会，大家太快乐了，只觉得快乐的时光转瞬即逝，就像人生一样短暂，心情也跟着变得很沉痛。所以王羲之说，"岂不痛哉"。

最后一段，核心词是一个"悲"字，"悲夫"的"悲"。整篇文章，真可谓兴尽悲来，情感一波三折，特别打动人。

人们一般认为，这是一篇关于生命觉醒的文章。王羲之非常明确地知道了人的生命是有限的，于是开始追问生命的意义和价值。所以他才会说："向之所欣，俯仰之间，已为陈迹，犹不能不以之兴怀，况修短随化，终期于尽！"意思就是说，人生短暂，特别令人感慨。那么，短暂的一生，究竟有什么意义呢？他写下了这篇文章，也许后人就会知道，这个世界上他们曾经来过。

这其实是很深的哲学思考，但王羲之用非常美的语言表达了出来，情动于中，不能自已。我们后人阅读，也是很感慨的。

最后阿老师再讲一个故事。"天下第一行书"的真迹，现在已经找不到了。我们看到的，都是各家的摹本。传说，唐太宗特别喜欢王羲之的书法，经过多方探听，终于知道《兰亭集序》的真迹在王羲之的一个后人那里。这个后人，是王羲之的七世孙，出家在云门寺，法号叫智永。智永死了之后，这个书法真迹就传到了智永的弟子辩才和尚手里。

唐太宗知道真迹在云门寺，就派了一个叫萧翼的人前去寻访。萧翼也很有来头，他是南朝梁元帝的曾孙，饱读诗书。萧翼到了云门寺，装作一个落魄的山东穷书生，渐渐地就跟辩才和尚混熟了。然后萧翼故意说："你看，我有王羲之的真品书法，给你品鉴品鉴。"品鉴完了，辩才和尚不由得说："你这个虽然也好，但比不上我的。"于是他就把《兰亭集序》真迹拿出来给萧翼看了。就这样，萧翼当场取出圣旨，要求辩才和尚将《兰亭集序》献上。辩才和尚这才发现中计，但已经没有办法了。之后不到一年，辩才和尚郁郁而终。

据传唐太宗因为实在太喜欢《兰亭集序》真迹了，就把它带进了陵墓。这样，我们后世众人，就再也没有机会看到真迹了。

# 第十五讲
# 五柳先生传

先生不知何许人也，亦不详其姓字。宅边有五柳树，因以为号焉。闲静少言，不慕荣利。好读书，不求甚解，每有会意，便欣然忘食。性嗜酒，家贫不能常得。亲旧知其如此，或置酒而招之。造饮辄尽，期在必醉，既醉而退，曾不吝情去留。环堵萧然，不蔽风日，短褐穿结，箪瓢屡空，晏如也。常著文章自娱，颇示己志。忘怀得失，以此自终。

赞曰：黔娄有言："不戚戚于贫贱，不汲汲于富贵。"其言兹若人之俦乎？衔觞赋诗，以乐其志，无怀氏之民欤？葛天氏之民欤？

（陶渊明《五柳先生传》）

阿老师很喜欢陶渊明，今天终于可以讲《五柳先生传》了，真的很开心。

陶渊明，又名潜，字元亮，自号五柳先生，世称靖节先生，浔阳柴桑人。浔阳柴桑，大概就是现在的江西九江。这个地方很著名，唐代白居易写《琵琶行》，开头说"浔阳江头夜送客"，"浔阳"就是指这里。

阿老师还是个初中生的时候，不知道在哪本书里读到《五柳先生传》，从此就很喜欢陶渊明这个人。阿老师的性格里有很多散淡的地方，或许就受了陶渊明的影响。当然，归根结底阿老师还是一个积极进取的人。

这篇文章是陶渊明的自传。陶渊明其实是世家子弟，他的曾祖父是晋朝的名将陶侃。《世说新语》里面就有关于陶侃的记录。所以说陶渊明出身名门，但是到了陶渊明这一代，陶家基本上就败落了。陶渊明八岁时，父亲去世，家境堕入贫困。

陶渊明是一个诗文都写得超级好的人，其诗歌对后代的影响尤其大，他因此被认为是田园诗的创始人。能开创一代诗风，这是非常了不起的。

阿老师很喜欢他的《停云》。《停云》是四言诗，此诗共有四章。我们来看第一章：

霭霭停云，濛濛时雨。

八表同昏，平路伊阻。

静寄东轩，春醪独抚。

良朋悠邈，搔首延伫。

这里面有一种很深刻的生命意识，又欣喜又怅惘。但阿老师今天不是专门讲诗歌的，而是讲《五柳先生传》的，所以只能提一下。关于陶渊明的诗歌和生平，大家可以去读一本书，叫《诗人十四个》，作者是黄晓丹博士。这本书中有一篇涉及陶渊明，视角非常独特。

我们接着来看《五柳先生传》。一般来说，人物的传记都会写这个人姓什么、名什么、字什么。陶渊明第一句却说"先生不知何许人也，亦不详其姓字。宅边有五柳树，因以为号焉"。

这位先生不知道是什么人，姓名字号也都不为人知，只是因为住宅边上有五棵柳树，他就拿来当作自己的号了。这真是一个很随意的人。这样的开头，也很令人震惊。陶渊明为什么表现得这么不在乎自己呢？这当然也是有原因的。东晋有着严格的门阀制度。一个人的出身、姓氏、郡望，都很重要。一个人出身贵族，即便没什么学问，也可以做大官。陶渊明其实也是名门之后，但他说自己不知何许人也，就代表了他对门阀制度的蔑视，是追求个性解放的一种表现。

陶渊明因为宅边有五棵柳树，就叫五柳先生，那么阿老师就可以叫"皂荚树先生"，因为阿老师家门口有两棵皂荚树。对，就是鲁迅在《从百草园到三味书屋》里写的皂荚树。鲁迅可以叫"二枣先生"，因为鲁迅写过一篇著名的文章，说"在我的后园，可以看见墙外有两株树，一株是枣树，还有一株也是枣树"。阿老师这么说只是开玩笑，由此却也可以看出陶渊明的随意了。但这种随意，不是不以为意，而是有他的人生追求和价值理想。他为人散淡，并不在意名声，所以文章接下去就写道："闲静少言，不慕荣利。好读书，不求甚解，每有会意，便欣然忘食。"

"闲静少言，不慕荣利"，说的是不追求功名利禄，这是他的性格特征。

"好读书，不求甚解，每有会意，便欣然忘食"，这点特别重要。"好读书"，是不是说这个人学习很勤奋呢？然而好像不是，因为下一句便说"不求甚解"。"不求甚解"这个词我们现在也还在用，是一个成语，就是不追求特别深刻的理解。所以，读书对于陶渊明而言，就是一种喜好，一种生活方式。每次读进去了，有会意之处，他就高兴得忘记了吃饭。"欣然忘食"这个典故来自《论语》，孔子说他自己"发愤忘食，乐以忘忧"。

> "性嗜酒，家贫不能常得。亲旧知其如此，或置酒而招之。造饮辄尽，期在必醉，既醉而退，曾不吝情去留。"

这段话说他喜欢喝酒，但是家里穷，不能经常喝。亲朋好友知道他喜欢喝酒，有时候就请他喝。他去喝，就一定喝完，甚至喝醉；喝醉了就告辞，也不会舍不得离开。这里就把陶渊明喜欢喝酒而又率真的性格，活脱脱表现出来了。

陶渊明这个人喜欢喝酒，却并不糊涂。他的爱好有三点：读书、喝酒、写作。接下去，我们就要讲写作了。

> "环堵萧然，不蔽风日，短褐穿结，箪瓢屡空，晏如也。常著文章自娱，颇示己志。忘怀得失，以此自终。"

"堵"，是墙壁的意思。"萧然"，就是萧瑟的样子。房子里没什么家具，空空荡荡的，连阳光和风都挡不住。"短褐",指的是粗布衣服。"褐",我们现在指一种颜色;在古文中,"褐"是粗糙的麻布衣服的意思。"穿结","穿"就是洞穿,衣服上有破洞;"结"就是补丁。粗劣的麻布衣服上,还打满了补丁。"箪瓢"是容器,里面经常是空的,是说家里经常没有吃的。虽然如此,但他"晏如也"——就是安然自若的样子——喜欢写文章表达自己的志向,忘记得失,这样终其一生。

"不戚戚于贫贱,不汲汲于富贵。"

"戚戚",就是忧伤的样子;"汲汲",就是着急追求的样子。不为贫贱忧伤,也不着急追求富贵,这大概说的就是五柳先生这一类的人,一边喝酒一边作诗,为自己抱定的志向而感到快乐。不知道他是无怀氏时代的人呢,还是葛天氏时代的人?"无怀氏"和"葛天氏",指的都是上古时代的圣王。

你看,陶渊明就是这么一个有个性的人,一个隐士,一个诗人,一个穷困潦倒而依然有尊严的人。是不是很有意思?

有一位作家叫老舍,他在四十岁的时候,写了一个小传,也很有意思。他是用白话文写的,跟这篇《五柳先生传》的风格很接近。我们来读一下。

## 老舍四十自拟小传

舒舍予，字老舍，现年四十岁，面黄无须，生于北平。三岁失怙，可谓无父；志学之年，帝王不存，可谓无君，无父无君，特别孝爱老母，布尔乔亚之仁未能一扫空也。

幼读三百篇，不求甚解。继学师范，遂奠教书匠之基。

及壮，糊口四方，教书为业，甚难发财；每购奖券，以得末彩为荣，亦甘于寒贱也。

二十七岁时发愤著书，科学、哲学无所懂，故写小说，博大家一笑，没什么了不得。

三十四岁结婚，今已有一女一男，均狡猾可喜。

闲时喜养花，不得其法，每每有叶无花，也不忍弃。

书无所不读，全无收获，并不着急。

教书做事，均甚认真，往往吃亏，也不后悔。如此而已。再活四十年也许能有点出息！不过不可能了。

这两篇文章放在一起读，还真有意思。

# 第十六讲
## 答谢中书书

山川之美，古来共谈。高峰入云，清流见底。两岸石壁，五色交辉。青林翠竹，四时俱备。晓雾将歇，猿鸟乱鸣；夕日欲颓，沉鳞竞跃。实是欲界之仙都。自康乐以来，未复有能与其奇者。

（陶弘景《答谢中书书》）

绍兴有个陶宴岭，据说是因为陶弘景曾经在这里隐居而得名。陶宴岭很美，秋天尤其美，很多喜欢旅行的人，都会来这里爬山。阿老师有个朋友，研究绍兴本地文史。他曾经信誓旦旦地跟阿老师说，陶弘景的《答谢中书书》，写的就是陶宴岭。但是阿老师找了很多资料，没有找到陶弘景隐居在这座山并写下这篇文章的证据。

相反，一般的文学史资料都表明，文中描写的那座山，是陶弘景晚年隐居的茅山。茅山，在现在的江苏句容。

陶弘景，生于 456 年，卒于 536 年。南朝的宋、齐、梁、陈四朝，他经历了前三朝。陶弘景是个中医，也很会炼丹。一些古人追求长生不老，认为吃了丹药就可以升仙。魏晋时代，炼丹吃药的风气尤盛。很多名士都吃一种叫五石散的丹药，吃了以后，全身发热，需要快步走路，去除药性，这就叫作行散，也叫散步——这就是散步的来历。我们后人虽然不再服食五石散，但是吃完饭也要出去散步，消消食。

陶弘景同时也是文学家和书法家，还是一个隐士，晚年隐居在茅山，号称"山中宰相"。

《答谢中书书》为什么会被后人称道呢？首先，当然是因为它写得漂亮，像一条明净的小溪；其次，也因为这篇文章风格独特，一扫南朝文风的浮艳与空虚。

这篇文章本身很短小，也很好懂，不用翻译，大家就能知道大概；假如还是不懂，就再念一遍，"书读百遍，其义自见"。有时候，读清浅的古文，就这么简单。

今天我只讲两个词。

一个是"欲界"，即人世间。"欲"就是欲望，有欲望的世界，就是人间。"欲界仙都"，就是人间仙境的意思。

一个是"康乐"，指的是谢灵运。谢灵运被封为康乐公，一生喜欢游山玩水。讲《五柳先生传》时我们说过，陶渊明是田园诗的创始人，谢灵运则是山水诗的创始人。

阿老师觉得，这篇文章中最美的就是这四句：

"晓雾将歇，猿鸟乱鸣；夕日欲颓，沉鳞竞跃。"

早晨，雾气渐渐散去，猿鸟乱鸣，增添了世外仙都的感觉。"夕日欲颓"，"颓"是太阳落山的样子。"沉鳞竞跃"，就是各种鱼纷纷跃出水面。这种景象真是好看极了。

你看，文章虽然很短小，却不妨碍文字和意境的优美。

最后我们来看一下文体。你发现了吗？这篇文章的主体部分都是四个字一句、四个字一句的，这是为什么呢？

因为，这其实是一篇骈体文。我们来解释一下什么叫骈体文。先看"骈"字，这个字左边是马字旁，右边是"并"。这样一拆，就容易懂了，两马并驾，就叫作"骈"。文章的句子也像两马并驾那样对得整整齐齐的，这就是骈体文。骈体文起源于汉魏时代，运用的主要句式是四字句、六字句，所以也称"四六文"或"骈四俪六"。全篇以对句为主，讲究对仗的工整和声律的铿锵。也就是说，骈体文要么四个字一句，要么六个字一句，每两句必须对仗，还必须讲究押韵。

再看这篇《答谢中书书》，基本上都是四字一句，但是两句之间并不完全对偶，也不完全押韵。

你看，"山川之美，古来共谈"，这两句是整齐的四字句，但不对偶。"高峰入云，清流见底"就对偶了。"高峰"对"清流"，"入云"对"见底"。

"两岸石壁，五色交辉。青林翠竹，四时俱备。"这里也对偶，但不是特别工整。你看，"五色"对"四时"，是不是对偶？"五色交辉"对"四时俱备"，对偶很工整；但是"两岸石壁"对"青林翠竹"，就不是对偶了。

"晓雾将歇，猿鸟乱鸣；夕日欲颓，沉鳞竞跃。"这一句的对偶很工整："晓雾将歇"对"夕日欲颓"，"猿鸟乱鸣"对"沉鳞竞跃"。

短文最后两句又变成了散文体。因此这是一篇骈散结合的文章，审美上一扫南朝骈文浓妆艳抹的绮丽之风，也寄托了作者自己寄情山水、远离尘嚣的价值追求。

# 第十七讲
# 与朱元思书

风烟俱净，天山共色。从流飘荡，任意东西。自富阳至桐庐一百许里，奇山异水，天下独绝。

水皆缥碧，千丈见底。游鱼细石，直视无碍。急湍甚箭，猛浪若奔。

夹岸高山，皆生寒树，负势竞上，互相轩邈，争高直指，千百成峰。泉水激石，泠泠作响；好鸟相鸣，嘤嘤成韵。蝉则千转不穷，猿则百叫无绝。鸢飞戾天者，望峰息心；经纶世务者，窥谷忘反。横柯上蔽，在昼犹昏；疏条交映，有时见日。

（吴均《与朱元思书》）

今天我们来讲一篇短文。这篇短文只有 144 个字，却成了千古名文，和上一讲中的《答谢中书书》堪称"双璧"。

144，12 的平方，是个很好的数字。写作高手吴均，用 144 个字写出了一篇好文章。古人把写作叫作缀文，就是把文字连缀起来。写作也像搭积木，一个词就是一块积木，把积木搭成你想要的样子，就相当于用词语写出了一篇好文章。

吴均此文，文字简约，却连缀成了一篇极高明的文章，看来，吴均真是用文字搭积木的高手啊！我们来看看，他是怎么用最简约的文字搭建这篇文章的。

吴均生活于南朝梁代，是吴兴故鄣（今浙江安吉）人，文学家、史学家，好学有俊才，其诗文深受沈约称赞。这篇文章，出自他写给朋友朱元思的一封信，主要描写富春江的美景。

我们前面讲过，严子陵隐居的地方就在富春江。这篇又涉及富春江。那么，富春江究竟有多美呢？吴均此文，可带我们进入其中，领略山水之美。

"风烟俱净，天山共色。"

这句很好理解，就是烟雾都消散了，天和山呈现同一种颜色。文章一起手，就把人带入了辽阔的自然空间。

"从流飘荡，任意东西。"

这句描述自己坐在一条船上，顺着水流，随意漂流。

"自富阳至桐庐一百许里，奇山异水，天下独绝。"

这句话是文章的核心。从富阳到桐庐有 100 来里路，山水奇异，天下只此一份。"独绝"两字，乃是吴均对江山奇秀的一个高度评价。

"水皆缥碧，千丈见底。游鱼细石，直视无碍。急湍甚箭，猛浪若奔。"

江水清澈，即便有一千丈那么深，也可以看到水底。游动的鱼儿、水底的细石，都可以直接看到，没有阻碍。湍急的水流比箭还快，凶猛的巨浪就像在奔腾一样。

这里的描述虽有夸张手法的运用，但基本上还是符合事实的。阿老师也曾经在这条江边玩耍，看到的水色也是如此。如今富春江上游建了新安江水库，水是从千岛湖的底部流出来的，特别冷。阿老师在师范学校念大三的那年夏天，有个支教的社会实践活动，去的就是富春江边上的淳安县。只记得条件简陋，没有热水洗澡，我们就直接用江里抽上来的水洗澡，即便是大夏天，也吃不消，因为水温非常低。我们把水龙头打开，然后下定决心，冲进冰冷的水里，把身体淋湿，就赶紧跑出来，往身上抹肥皂，然后再下定决心，冲进冰冷的水里，把肥皂冲掉。这样，洗澡只需要 5 分钟。因为时间再久一点，人就要被冻僵了。

　　"夹岸高山，皆生寒树，负势竞上，互相轩邈，争高直指，千百成峰。"

　　前文写了水，这里就写两边的山。山峰陡峭，长满了寒树，争先恐后向高远的地方生长。我们先解释"轩邈"这个词。"轩"，本义是古代的一种前顶稍高的车子，这里就是指高处；"邈"，就是远的意思。"互相轩邈"，就是彼此争着向高远的地方生长的样子。

"泉水激石，泠泠作响；好鸟相鸣，嘤嘤成韵。蝉则千转不穷，猿则百叫无绝。"

泉水击打着石头，发出泠泠的声音；鸟儿互相应和着鸣叫，发出嘤嘤的声音，就像有着某种韵律。蝉，叫个不停；猿猴，也叫个不停。

"鸢飞戾天者，望峰息心；经纶世务者，窥谷忘反。"

像老鹰一样飞到天上去的人，看见这些山峰，心情也会安定下来。这里用老鹰飞到天上比喻极力追求功名利禄的人，他们忙于现实之中的政务，看见这里幽静的山谷，也会忘记回去。这一段表达了吴均的审美追求，传达出爱慕美好自然、避世退隐的高洁志趣。对啊，看到这么美好的山水，大家定会想终老于此，再也不想管功名利禄了。这就是古人的一个心结。

"横柯上蔽，在昼犹昏；疏条交映，有时见日。"

这句讲植被的繁密，树木丛生，遮天蔽日，白天也像黄昏；只有在枝条稀疏的地方，才偶尔可以见到太阳。

吴均描写了这一带的山光水色，创造出一种清新自然的意境，读者不由得悠然神往，仿佛也亲自领略了其间的山水之美。古人没有视频看，描写山水之美，还得用文字，加上想象。有时候，想象出来的，就特别美。

我们读了原文，有各种想象的美好，但到了现场，却经常失望。比如，鲁迅写的《从百草园到三味书屋》，里面的百草园多好玩啊。阿老师带着很多小朋友去过。但是，我听到的是这样的话："啊，这就是光滑的石井栏啊？啊，这就是高大的皂荚树啊？"小朋友们的感慨之中，往往流露出失望的情绪。我很理解，因为作者的描述是带有自己的审美体验和情感投射的。为什么百草园对于鲁迅来说，就是一个最美的园子？因为鲁迅在那里度过了最为温暖的童年时光。鲁迅一生过得并不好，少年丧父，家庭从小康堕入了困顿。在成长的岁月里，他一直遭人白眼，尝尽了世态炎凉。在百草园无拘无束玩耍的那几年，成了他最快乐的时光。这就是百草园在鲁迅笔下特别美好的原因。

吴均这篇《与朱元思书》也与之类似。吴均把富春江写得如此之美，但一旦身临其境，我也不敢担保你一定不会失望。为什么吴均把这里写得那么优美呢？因为，这里投射了吴均的情感，寄托了他的理想和追求。就像陶渊明的诗歌说的那样："久在樊笼里，复得返自然。"（《归园田居·其一》）如果你被勒令待在家里不许出去，过了好久，突然，禁令解除了，你可以去草地上自由奔跑了——那种欣喜的感觉，就与之很相似。

# 第十八讲
## 《世说新语》三则

桓公北征经金城，见前为琅邪时种柳，皆已十围，慨然曰："木犹如此，人何以堪！"攀枝执条，泫然流泪。

（《世说新语·言语》选段）

谢太傅寒雪日内集，与儿女讲论文义。俄而雪骤，公欣然曰："白雪纷纷何所似？"兄子胡儿曰："撒盐空中差可拟。"兄女曰："未若柳絮因风起。"公大笑乐。即公大兄无奕女，左将军王凝之妻也。

（《世说新语·言语》选段）

刘伶恒纵酒放达，或脱衣裸形在屋中，人见讥之。伶曰："我以天地为栋宇，屋室为裈衣，诸君何为入我裈中？"

（《世说新语·任诞》选段）

《世说新语》是一部特别好玩的书，我们一般认为它是由南朝宋的临川王刘义庆及其门客所编纂的。其内容主要记载东汉后期到魏晋间一些名士的言行与逸事。鲁迅说这是一本名士的教科书，你想成为名士，那就去读《世说新语》吧。此外，该书流传至今，仍为人们所喜欢，证明它也是民族精神的一个重要组成部分。

我们从《世说新语》中选了三则，先来看第一则。

第一则为我们后代贡献了一个名句："木犹如此，人何以堪！"桓公，指的是桓温，东晋大将，又是晋明帝的驸马，因溯江而上消灭成汉政权而声名大振；曾三次出兵北伐，分别是永和十年（354）、永和十二年（356）及太和四年（369），对北方十六国用兵，战功累累，权倾一时。

这里讲他第三次北伐时经过了以前任职的金城。那时候，他担任琅琊内史，曾在官衙内种了一棵柳树；现在故地重游，发现柳树已经有十围那么粗了。"围"是当时的一种长度单位，两手拇指和食指合拢的圆周长，为一围。桓温在咸康七年（341）任琅琊国内史，镇守金城，到他率兵伐燕时，已过了快三十年。于是桓温感慨地说：树都这样了，人又怎么能承受岁月的流逝啊。这就是"木犹如此，人何以堪"的故事。说完这句话，桓温大将军就攀着树枝，抓着柳条，泪流不止。

这是人生的感慨。你看，桓温战功赫赫，权倾一时，却也免不了年华老去，怎么都敌不过生命的规律。

《世说新语》中记录的很多人物言行，令我们警醒。比如桓温这句话里包含的感慨，是不是我们也经常会有？阿老师一直说自己人到中年，一则是调侃，二则也是感慨。正因为人到中年，所以阿老师才很焦急。有很多事想做，却还没有做，要争分夺秒呢。

当然，年轻朋友可能没这个感觉，还觉得旭日初升，来日方长。这也是对的。人生，本来就该这样，在什么年纪，就有什么样的思考，就该做什么样的事。童年、少年时代，该玩就尽情玩，总之不需要"为赋新词强说愁"。

阿老师到了现在这个年纪，有中年危机；再老一点，就要警惕，不能成为"糟老头子"。当你老了，头发白了，手里捏着诗集，在炉火旁打盹，请记住狄兰·托马斯《不要温和地走进那个良夜》中的诗句：

不要温和地走进那个良夜，

老年应当在日暮时燃烧咆哮；

怒斥，怒斥光明的消逝。

或者就像叶芝《当你老了》中的诗句：

多少人爱过你昙花一现的身影，

爱过你的美貌，以虚伪或真情，

唯独一人曾爱你那朝圣者的心，

爱你哀戚的脸上岁月的留痕。

咱们把中西文学放在一起参照，你看，是不是就超越了单纯的感慨呢？

再看第二则。

太傅谢安在一个寒冷的下雪天把家里人聚在一起，和小辈们讲解谈论文章。一会儿，雪下得又大又急，谢安兴致勃勃地问道："白雪纷纷何所似？"侄子胡儿说："撒盐空中差可拟。"侄女说："未若柳絮因风起。"谢安大笑，非常高兴。这位吟出了妙句的侄女，就是谢安大哥谢无奕的女儿，左将军王凝之的妻子。

这是一个子侄辈各逞才华的场合。就像任何长辈看到小朋友们才华横溢都会很高兴一样。"差可拟","差"一般解释为"差不多";但也有注家解释为"很","差可拟"即"很可以比拟"。

胡儿是谢安的侄子,其实他说的比喻也还可以。但是谢道韫说,不如把雪比作柳絮随风飞舞。谢安就笑了,很开心。为什么子侄辈的人才华出众,长辈就很高兴呢?谢安也曾经问过这个问题。

> 谢太傅问诸子侄:"子弟亦何预人事,而正欲使其佳?"诸人莫有言者,车骑答曰:"譬如芝兰玉树,欲使其生于阶庭耳。"

车骑,指的是车骑将军谢玄。谢玄说:"就像有些珍贵的树木和仙草,我们都希望它们长在自家院子里啊。"所以,阿老师对听阿老师课的小朋友多有偏爱,也是正常的啊。

第三则最好玩,讲的是刘伶的故事。

刘伶也是"竹林七贤"之一。我们都知道,"竹林七贤"各自性格非常鲜明。比如嵇康喜欢打铁,阮籍善为青白眼。什么叫青白眼?有人去拜访阮籍,如果这人对阮籍胃口,阮籍就用正眼看他,就是拿黑眼珠看他。

青白眼的"青",就是黑色的意思。所以古人管黑发叫青丝,如"朝如青丝暮成雪"(李白《将进酒》)。有个词叫"青眼相加",就是说看得起某个人。要是一个人是阮籍不喜欢的呢?那就惨了,阮籍就翻白眼,用眼白来对着他。这就是阮籍善为青白眼的故事。

刘伶嗜酒不羁,被称为"醉侯",喜欢老庄之学,追求自由逍遥。刘伶大概是魏晋风度非常有意思的代表人物之一了。

刘伶经常不加节制地喝酒,任性放纵,有时在家里赤身露体,有人看见了就责备他。刘伶说:"我把天地当作我的房子,把屋子当作我的衣裤,诸位为什么跑进我的裤子里来?"

为什么刘伶、阮籍等人举止这么乖张呢?一则是他们信奉的人生哲学使然,二则是因为当时的社会政治非常黑暗,一个有才华的人要是对当局有点不满,就很容易招来杀身之祸。近于疯狂的表现,未必不是一种自我保护。我们都觉得他们很潇洒,但是,他们的内心,其实有着深深的无奈。

# 第十九讲
## 仁者心动

　　惠能后至曹溪，又被恶人寻逐。乃于四会，避难猎人队中，凡经一十五载。时与猎人随宜说法。猎人常令守网，每见生命，尽放之。每至饭时，以菜寄煮肉锅。或问，则对曰：但吃肉边菜。

　　一日思惟：时当弘法，不可终遁。遂出至广州法性寺，值印宗法师讲涅槃经。时有风吹幡动，一僧曰风动，一僧曰幡动，议论不已。

　　惠能进曰：不是风动，不是幡动，仁者心动。一众骇然。

《六祖坛经》选段

　　中国文化受佛教影响很大，如果我们稍微了解一点佛学，或许可以更了解中国文化。比如，唐代的诗人王维被称为"诗佛"，就是因为他的诗歌里有很多禅意。

我们今天要讲禅宗六祖惠能的故事。禅宗，是佛教在中国本土化之后发展出来的具有中国特色的佛教流派，起源于达摩祖师。也有人认为，禅宗的起源是佛祖在灵山讲佛法，一边讲一边做了一个拈花微笑的动作。当时所有听佛祖讲法的人，都不明白这个手势的意思。只有摩诃迦叶发出了会心的微笑。佛祖就对他说："我有一个特别的心法传给你，别人都不懂，只有你懂。"

禅宗经达摩祖师一直传到六祖惠能，终被发扬光大。今天我们要讲的，就是六祖惠能的故事。

惠能出家之前，是一个打柴人，生活在新州（今广东新兴县）一带，不识字，更不会写字。但是有一天，他担了柴火去街上卖，突然听到有人在念《金刚经》，里面有一句"应无所住而生其心"。这句话一下子就打动了惠能，像闪电一样击中了他。他就去问："你在念什么啊，怎么这么有道理？"那人就告诉他，这是《金刚经》。于是惠能下定决心，要去学佛。当时，最有声望的僧人是禅宗五祖弘忍，他的道场在今天的湖北黄梅。于是惠能就安顿好自己的母亲，前往黄梅学佛法。

弘忍见到了惠能，就问他是什么人，来做什么。惠能说自己是新州人，到这里来，别无他求，只求觉悟成佛。弘忍就说："你是岭南人，又是獦獠，你能成什么佛？"惠能就回答说，人有南北之分，可是佛性没有南北之分。这一句话，就把弘忍给打动了。弘忍觉得，这人有慧根，是个可造之材，就收他为弟子了。

什么叫獦獠？獦獠是一种歧视性的说法，是当时的中原汉人对岭南一些少数民族的称呼，我们现在自然不这么说。从惠能的回答就可以看出，惠能真的很了不起。人有南北之分，佛性无南北之分，这句话太高明了。

惠能投入弘忍门下，其实开始的时候也没做什么，无非就是挑水打柴做饭，跟他在老家没什么两样。但是这些事到了后世也成了修行，正所谓"吃饭穿衣，无不是道"。这就是后话了。

突然有一天，弘忍对众弟子说："大家学习佛法这么久，都来谈谈学习心得吧。你们谁谈得好，我就把衣钵传给谁。"

衣钵是什么？衣，就是僧衣；钵，就是乞食用的钵盂，通俗一点地说就是讨饭用的饭碗。"衣钵"一词用来泛指师傅传授下来的思想、学问、技能等。

当时弘忍座下的大弟子，叫神秀。大家都佩服神秀，因为神秀平时学佛最有心得。但神秀不够自信，不敢大大方方说出来，就在半夜的时候，将学佛心得写成了一首诗——在佛教里叫偈子。偈子是这样写的：

> 身是菩提树，心如明镜台，时时勤拂拭，勿使惹尘埃。

所有看到偈子的师兄弟都惊呆了，说写得好。但是惠能听了之后却说："美则美矣，了却未了。"意思是说，写得还不错，但还没讲到根本上。

于是惠能叫人帮自己书写了一个偈子——因为惠能不识字，更不会写字。这个偈子是这样的：

> 菩提本无树，明镜亦非台。本来无一物，何处惹尘埃？

弘忍一看，明白这个弟子悟了，于是悄悄叫惠能在半夜三更来找自己，将衣钵传给惠能。他还叫惠能往南走，因为有人嫉恨，可能会害惠能，所以惠能得先躲起来。果然，惠能躲了15年。

我们今天选的语段，就是讲惠能在曹溪躲了 15 年，然后重新出山的故事。

惠能到了曹溪，又被坏人追踪，于是就跟猎人混在一起，躲了 15 年。在相处的过程中，他时不时地观察，觉得机会合适，就给猎人们讲佛法。打猎的时候，猎人叫惠能守住一边的网，可惠能看到活的动物，就把网打开，放它们一条生路。做饭的时候，惠能就把素菜放在肉锅的边上。别人问："你为什么不吃肉啊？"惠能就说："我只吃肉边的菜。"

有一天，惠能想：我终究是要出去弘法的，不能一辈子都躲着啊。于是他就出山，到了广州的法性寺。当时，这个寺院的首座印宗法师正在讲佛法。这个时候，有风吹过来，吹动了经幡。两个和尚争吵起来，一个说是风在动，一个说是经幡在动。两边各有支持的人，相持不下。惠能站起来说："不是风在动，也不是幡在动，而是诸位仁者的心在动啊。"

惠能一说完，大家都惊呆了。于是印宗就知道，传说弘忍的衣钵南传，肯定是传到这个人身上了。此后惠能出来讲佛法，把禅宗推广到了一个前所未有的繁荣程度。

　　惠能开创的禅宗流派，主张顿悟，就是一下子明白，有点突如其来的感觉，就像被灵感击中那样。留在湖北的神秀也开创了一个禅宗流派，他们主张渐悟。所以禅宗至此就有两个流派，号称"南顿北渐"。在阿老师看来，不管是顿悟派，还是渐悟派，都有各自的道理。就像我们写作，经常会有灵感袭来；但这种灵感，也不是凭空而来的，而是在过往无数的日子里勤加思索、不断修持、不断追寻的结果。

# 第二十讲
## 问魏征病手诏

不见数日，忧愦甚深。自顾过已多矣，言已失矣，行已亏矣。古人云："无镜无以鉴须眉。"可谓实也。比欲自往，恐劳卿，所以使人来去。若有闻知，此后可以信来具报。

（《全唐文》选段）

我们知道，唐太宗李世民和魏征是一对模范君臣。唐太宗是历史上有名的明君，魏征是著名的谏臣。这一对君臣，留下了诸多佳话。比如，魏征写的著名的《谏太宗十思疏》，里面有很多名言警句："君人者，诚能见可欲，则思知足以自戒；将有作，则思知止以安人；念高危，则思谦冲而自牧；惧满溢，则思江海下百川……"

唐太宗也很看重魏征，曾经说过这样的话："以铜为镜，可以正衣冠；以古为镜，可以见兴替；以人为镜，可以知得失。魏征没，朕亡一镜矣！"（《资治通鉴》）

但最初，这两个人却不是同一阵营的。魏征是东宫太子李建成的手下，还曾跟李建成说，秦王李世民功劳大，有野心，要早点除掉。后来，秦王李世民带着长孙无忌和尉迟恭、侯君集等人，在玄武门设下埋伏，把太子李建成和另一个兄弟李元吉给杀了——史称"玄武门之变"。这样，高祖李渊没办法，才改立李世民为太子。李世民做了皇帝后，开启了历史上有名的贞观之治。

李建成为太子时，魏征担任太子洗马。"洗"字这里读作"xiǎn"。我们不要看到有个"洗"字，就觉得这是给太子洗马的，太子洗马可不是"弼马温"，其实是太子的老师。

魏征经常劝说太子李建成及早除去秦王。李建成败亡后，李世民传召魏征，问道："你为什么挑拨我们兄弟的关系呢？"大家都很为魏征担心，魏征举止如常，如实回答道："如果已故的太子早些听从我的进言，肯定不会有今天的祸事。"

李世民没有生气，正所谓"食君之禄，忠君之事"，他认为魏征是个大忠臣，而且李世民素来器重魏征，便对他以礼相待，引荐他担任詹事主簿，后来又任命他为谏议大夫。谏议大夫，就是谏官，专门负责给皇帝提意见的。

有一次，魏征生病了，好几天没上朝，唐太宗很想他，就写了《问魏征病手诏》这么一封信。阿老师大致解释一下：

"几天不见，我心里很难过。反省我自己，过失确实不少，说过错话，也做过错事。古人说：'不照镜子，就看不到脸上的胡须和眉毛。'这句话说得很实在啊！我想要亲自前往看你，又担心打扰你，所以派人来看你，带去这封信，来表达我的问候。你看到了什么，听到了什么，都可以写信给我，具体地报告一下。"

魏征生病，几天没上朝，唐太宗就想念他了，可见魏征对他有多么重要。写这封信送过去，一是表达慰问，二是表达对魏征的重视。比如"无镜无以鉴须眉"这句话，就是表达"魏征啊，你身为谏官，就是我的镜子"的意思。所以后来唐太宗才会说："以人为镜，可以知得失。"

但我们都知道忠言逆耳，一般人都不太喜欢被挑毛病。尤其是皇帝，高高在上，谁敢违背皇帝的意见，说让皇帝不开心的话呢？违背皇帝的意愿，在古代叫作"逆龙鳞"，因为皇帝是"真龙天子"。但魏征就不一样，他会给皇帝提意见。而唐太宗呢，也是一个难得的、肯听不同意见的皇帝。

有一次，唐太宗得到一只鹞鹰，很威武，很漂亮，唐太宗很喜欢它。有一天，唐太宗在内宫，把鹞鹰架在胳膊上玩，恰好这个时候魏征来了，唐太宗就把鹞鹰藏在怀里。魏征看出来了，就走向前去汇报事情，顺便给唐太宗讲古代帝王由于安逸享乐而亡国的故事，委婉地劝谏唐太宗。

这些内容，魏征以前都讲过无数遍了，无非就是《谏太宗十思疏》里面的那些内容。我相信唐太宗肯定耳朵都听得起茧子了。但这一次，魏征知道太宗皇帝喜欢鹞鹰，而且把鹞鹰藏在怀里，就故意把汇报的时间拖得很长，唐太宗担心把鹞鹰捂死，但因为他向来敬重魏征，所以不敢直接轰他走，只是婉转地想让他把话说得短些。然而魏征说个没完，鹞鹰最终闷死在唐太宗怀里。

你看魏征这个人令不令人生气？

所以，在古代帝王专制的时代，模范君臣都是可遇而不可求的。要有能听进去不同意见的皇帝，还要有敢于直言的大臣，两者缺一不可。自古以来，敢进谏的官员都是少数。这也是魏征被我们后人铭记的原因之一。

令人意外的是，魏征死后，唐太宗对他的态度就转变了，后来还派人砸了魏征的墓碑。这是历史的另一面，我们也需要知道。

最后，我们来讲一个关于唐太宗的小故事。民间过农历新年在大门上贴门神，最早的门神，一个叫神荼，一个叫郁儡（又写作郁垒）。

《山海经》逸文里有这样一段记述："东海中有度朔山，上有大桃树，蟠屈三千里，其卑枝门曰东北鬼门，万鬼出入也。上有二神人，一曰神荼，一曰郁儡，主阅领众鬼之恶害人者……"这段话说的是在东海之中有一座神山叫度朔山，这度朔山上有一株特别大的桃树。这棵大桃树盘曲三千里，在枝干延伸出去的最东北处，有一座鬼门，那里是众鬼出入的门户。把守着鬼门的两位神将，一位叫神荼，一位叫郁儡，他们负责防止害人的鬼进入人们的家中。

但后来，门神慢慢演变成尉迟恭和秦叔宝了。这是怎么回事呢？

《隋唐演义》里有个故事：唐太宗为成就帝业，杀人无数，夜间常做噩梦。唐太宗受不住折磨，召众将群臣商议，让元帅秦叔宝与大将军尉迟恭二人每夜披甲持械守卫于宫门两旁，后来果然无事。时间久了，唐太宗念秦叔宝、尉迟恭日夜辛劳，便让宫中画匠为二将绘制了怒目发威、手持鞭锏的画像，悬挂于宫门两旁，此后邪祟全消。

在那以后，门神神荼和郁儡，就让位给尉迟恭和秦叔宝了。

# 第二十一讲
# 寒食帖

天气殊未佳，汝定成行否？寒食只数日间，得且住为佳耳。

（颜真卿《寒食帖》）

颜真卿，每一位中国人，只要学过书法，一定知道这个人。颜真卿在中国的历史上，首先是以书法家而知名的。我们学楷书，一定听说过"颜体"，"颜体"指的就是颜真卿的字体。

颜真卿与柳公权、欧阳询、赵孟頫并称"楷书四大家"；又与柳公权并称"颜柳"，他们的书法风格被称为"颜筋柳骨"。

但我们今天讨论的不是颜真卿的书法，而是《寒食帖》这篇短文。"帖"相当于我们现在所说的便条、字条。这篇短文其实是一个挽留人的便条，交给那个作者想要挽留的朋友，请他最好再多待几天。

"天气殊未佳"，"殊"就是特别。短文的意思："天气特别不好，你一定要走吗？寒食节过几天就要到了，你如果能够再住几天，就好了。"

"为佳耳"三个字，很动人，表达了真挚的留客之心，充满了人情味。这个"汝"要是看到字条，一定会留下来再住几天吧。

关于寒食节，有必要给大家解释一下。寒食节在中国已经有 2 000 多年的历史了，据说跟晋文公重耳流亡生涯中的谋士介子推有关。

晋国公子重耳为躲避祸乱而流亡他国长达十九年，大臣介子推始终追随左右、不离不弃，甚至"割股啖君"——就是割自己的肉，给君上吃。古人称赞介子推忠心，我们现在自然需要批判地来看这件事。

后来重耳回到晋国，当上国君，励精图治，成为一代名君晋文公。但介子推不求利禄，与母亲归隐绵山。晋文公为了迫其出山相见而下令放火烧山，介子推坚决不出山，最终被火烧死。晋文公感念忠臣之志，下令在介子推死难之日禁止生火做饭，要吃寒食，以寄哀思。

这就是寒食节的由来。

寒食节的具体时间是夏历（古代的一种历法）冬至后的第 105 天，清明节的前一两天。这一天除了吃冷的食物，在后世的发展中逐渐又增加了祭扫、踏青、秋千、蹴鞠等活动。

颜真卿的朋友，在寒食节之前就要走了。颜真卿很舍不得他，就写了一个字条挽留他，最后也不知道有没有把朋友留下来，但其中的拳拳之意，我们真切地感受到了。这个朋友，应该是颜真卿的晚辈，因为"汝"是一般的称呼，不是敬语。

古人特别看重友谊，也特别看重别离。所以送别的诗歌文章蔚为大观，成为古典文学的一大题材。

古代的交通不便，行路难，多歧路，这次相聚后，下次不知道会在什么时候再度相见。所以古人重别离是有原因的。杜甫有一首动人的诗歌，叫《赠卫八处士》：

人生不相见，动如参与商。

今夕复何夕，共此灯烛光。

少壮能几时，鬓发各已苍。

访旧半为鬼，惊呼热中肠。

焉知二十载，重上君子堂。

昔别君未婚，儿女忽成行。

……

木心也有一首著名的诗歌，叫《从前慢》。

因为离别之后很难相见，所以在一起的时光就特别珍贵。颜真卿的《寒食帖》，真情流露，而又特别地生活化、细节化，因而从文章本身来看，就显得特别动人，情真意切，短小而隽永。他劝朋友留下来，用了两个特别实在的理由：一个是天气不好，一个是寒食节快到了。他想打动朋友：我们一起度过一个寒食节，难道不好吗？

大词人辛弃疾写过一首《霜天晓角·旅兴》，用的就是颜真卿《寒食帖》的典故：

吴头楚尾。一棹人千里。休说旧愁新恨，长亭树、今如此。

宦游吾倦矣。玉人留我醉。明日万花寒食，得且住、为佳耳。

钟叔河先生说，这首词最后一句虽然直接引用了颜真卿的原文，但还是可以打 100 分。

# 第二十二讲
# 滕王阁序

豫章故郡，洪都新府。星分翼轸，地接衡庐。襟三江而带五湖，控蛮荆而引瓯越。物华天宝，龙光射牛斗之墟；人杰地灵，徐孺下陈蕃之榻。雄州雾列，俊采星驰。台隍枕夷夏之交，宾主尽东南之美。都督阎公之雅望，棨戟遥临；宇文新州之懿范，襜帷暂驻。十旬休假，胜友如云；千里逢迎，高朋满座。腾蛟起凤，孟学士之词宗；紫电清霜，王将军之武库。家君作宰，路出名区；童子何知，躬逢胜饯。

（王勃《滕王阁序》选段）

《滕王阁序》原文以及《滕王阁诗》，加起来不短。

阿老师不准备全部讲解，在这里只讲《滕王阁序》第一段。

王勃早慧，是个神童。他 6 岁就能写很好的文章了，这是传说；但他早有文名，这是事实。他留下的著名诗文，有《滕王阁序》，有《送杜少府之任蜀州》——其中的名句"海内存知己，天涯若比邻"千古流传。

王勃与杨炯、卢照邻、骆宾王齐名，世称"初唐四杰"，简称"王杨卢骆"。杜甫《戏为六绝句》里说"王杨卢骆当时体，轻薄为文哂未休"，讲的是"初唐四杰"的地位，他们的诗开一时风气之先。

《滕王阁序》的写成，有一个很有趣的传说。

唐高宗上元二年（675），王勃 20 多岁。因为王勃的生卒年有争议，所以我们不确定这一年王勃究竟是 22 岁，还是 25 岁。但总之，他还是个毛头小伙子。他前往交趾看望父亲，交趾大概就是现在的越南，当时属于唐王朝管辖。

王勃路过南昌的时候，正赶上都督阎公重修滕王阁，刚修好，恰巧是重阳节，阎公就在滕王阁大宴宾客。王勃前往拜见，阎都督听说过王勃的文名，就请他一起参加宴会。

滕王阁，我们也要说一下，这是现在南昌的著名景点，最早是唐太宗李世民的弟弟李元婴兴建的。李元婴先被封为滕王，封地在山东的滕州，后来又调任洪州都督，就是现在的南昌。他想念滕州，就建了这座滕王阁。

滕王阁与湖北黄鹤楼、湖南岳阳楼并称"江南三大名楼"。这三座楼，都有著名的诗人写下著名的篇章，至今流传。比如黄鹤楼，有崔颢的诗歌《黄鹤楼》；岳阳楼，有范仲淹的文章《岳阳楼记》；而滕王阁，则有王勃的名篇《滕王阁序》。

阎都督重修滕王阁，大宴宾客，其实还有一点私心，就是向大家夸耀女婿的才学。他让女婿事先准备好了一篇文章，然后在酒席间提出为这次盛会作记，将女婿的文章作为即兴之作展示给大家，以此来夸耀文名。

宴会开始了，阎都督就让人拿出纸笔，请诸位嘉宾作记。大家知道他的用意，所以都推辞不写，都说："哎呀，不敢不敢，哎呀，惭愧惭愧。"

但王勃是一个年轻人，一点城府也没有，也不懂得人情世故，看到纸笔传到自己的跟前，竟然不谦让，接过纸笔，当众就写。

大家想，阎都督会高兴吗？阎都督心里气急了，于是拂衣而起，转入内堂，叫随从去看王勃写些什么。王勃写一句，随从就抄一句送给阎都督看。

王勃第一句写"豫章故郡，洪都新府"，阎都督便说："不过是老生常谈。"接下去，又听说"星分翼轸，地接衡庐"，阎都督沉吟不语。等听到"落霞与孤鹜齐飞，秋水共长天一色"，阎都督不得不叹服道："此真天才，当垂不朽矣！"

这就是王勃与《滕王阁序》的故事。我们来解释一下这篇文章的第一段。

"豫章故郡，洪都新府。"

"豫章"是汉朝设置的郡，治所在南昌，因此说"故郡"。唐初把豫章郡改为洪州，因此说"新府"。

"星分翼轸，地接衡庐。"

南昌属于翼、轸二星宿所对着的地面的区域，联结着衡山和庐山。古人用天上二十八星宿的方位来区分地面的区域，某个星宿对着地面的某个区域，叫某地在某星宿的分野，因此说"星分翼轸"。

"襟三江而带五湖，控蛮荆而引瓯越。"

前一句的意思是把三江作为衣襟，把五湖作为衣带。"三江""五湖"，都是泛指，不必细究。后一句的意思是控制楚地，连接瓯越。"蛮荆"，指野蛮的古代楚地（今湖北、湖南一带），这是沿用古代的说法，楚也叫荆。"瓯越"，指现在的浙江一带。

"物华天宝，龙光射牛斗之墟。"

物的精华就是天的珍宝，宝剑的光芒直射天上牛、斗二星宿所在的区域。这里有一个典故，来自《晋书·张华传》。晋初，牛、斗二星宿之间常有紫气照射，据说是宝剑之精华射到了天上。张华命人寻找，果然在豫章的丰城（今江西省丰城市）地下掘出龙泉、太阿二剑。宝剑出土后，牛、斗二星宿之间常有的紫气就没有了。

"人杰地灵，徐孺下陈蕃之榻。"

这句跟上句对仗，是特别有名的句子，大意是说人物杰出，地方灵秀，太守陈蕃为了徐孺子而放下榻。徐孺，名稚，字孺子，南昌人，东汉时名士，家贫，常亲自耕种，德行为人所景仰。当时陈蕃为豫章太守，素来不接待宾客，却专门为徐孺子设一榻，平时将榻挂起，只有徐孺子来访时才将其放下。榻在当时主要是一种坐具。我们现在住酒店说的"下榻"，其含义就是从这个词的本义演变过来的。

"雄州雾列，俊采星驰。"

雄伟的州郡如雾一样涌起，杰出的人才像星星一样众多。

"台隍枕夷夏之交，宾主尽东南之美。"

这一联也对仗。南昌城处在瓯越与中原接壤的地方。"台隍"，指城台和城池，这里指南昌城。"夷"，古代对少数民族的称呼，这里指上文所说的蛮荆、瓯越之地。"夏"，古代汉族的自称，这里指中原地区。这句话是说，南昌处在夷夏交汇的地方，位置很重要，而这次宴会的主人和客人，都是东南一带的俊杰。

"都督阎公之雅望，棨戟遥临；宇文新州之懿范，襜帷暂驻。"

都督阎公，声望崇高，远道来临；新州刺史宇文氏，德行高贵，堪为模范，在此地暂时停留。

"腾蛟起凤，孟学士之词宗；紫电清霜，王将军之武库。"

文坛上众望所归的孟学士，其文章辞采有如蛟龙腾空、凤凰飞起那样灿烂夺目；王将军的兵器库里藏有锋利的宝剑，就像紫电、清霜一样。

"家君作宰，路出名区；童子何知，躬逢胜饯。"

王勃说他的父亲是交趾县的县令，他因探望父亲才路过这个有名的地方，他年幼无知，却有幸参加这场盛大的宴会。

这篇文章写得很好，漂亮、工整，辞章俊秀，才华横溢。这是骈体文，以四六句为主，在对偶之中见整饬之美。第一段中王勃表扬了所有到场的宾客，尤其狠狠奉承了都督阎公，如"都督阎公之雅望，棨戟遥临"之类。我们前面说他不通世故，可是从这里看来，他的情商高得很啊。

可惜的是，这么有才华的王勃，就在这次盛宴之后，在前往交趾的海上遭遇风暴身亡。

仪凤元年（676）冬，长安城里都传诵着脍炙人口的《滕王阁序》。一天，唐高宗也读了这篇序文，读到"落霞与孤鹜齐飞，秋水共长天一色"，不禁拍案惊道："此乃千古绝唱，真天才也。"

高宗问身边的人道："王勃在何处？朕要召他入朝！"太监吞吞吐吐答道："王勃已落水而亡。"唐高宗喟然长叹，自言自语："可惜，可惜，可惜！"

大概，这就叫天妒英才吧！

# 第二十三讲
# 山中与裴秀才迪书

近腊月下，景气和畅，故山殊可过。足下方温经，猥不敢相烦，辄便往山中，憩感配寺，与山僧饭讫而去。北涉玄灞，清月映郭，夜登华子冈，辋水沦涟，与月上下；寒山远火，明灭林外；深巷寒犬，吠声如豹；村墟夜舂，复与疏钟相间。此时独坐，僮仆静默，多思曩昔，携手赋诗，步仄迳，临清流也。当待春中，草木蔓发，春山可望，轻鯈出水，白鸥矫翼，露湿青皋，麦陇朝雊，斯之不远，倘能从我游乎？非子天机清妙者，岂能以此不急之务相邀，然是中有深趣矣。无忽。因驮黄蘖人往，不一。山中人王维白。

（王维《山中与裴秀才迪书》）

　　王维，大约生于 701 年，卒于 761 年，字摩诘，号摩诘居士，是盛唐时期著名的诗人，留下无数著名的诗篇，我们尽可以信手拈来。"渭城朝雨浥轻尘""红豆生南国，春来发几枝""独在异乡为异客，每逢佳节倍思亲"……这些都是他的传世名句，已经化入现代汉语中，我们总会在不知不觉之中引用。

　　王维于开元三年（715）到京城，因为诗画双绝，还工于音律，所以名声一下子就传开了。开元九年（721），他去参加科举考试，考中了状元。

　　王维到 40 多岁的时候，隐居在辋川。他买到了唐代的前辈大诗人宋之问的旧宅地，从此辋川就成为他生活的场所和精神的家园。我们从王维的诗文集里，可以读到很多关于辋川的作品。比如"积雨空林烟火迟，蒸藜炊黍饷东菑。漠漠水田飞白鹭，阴阴夏木啭黄鹂"等，都是写辋川的。

　　今天我们要讲的，是王维的名文《山中与裴秀才迪书》。裴迪也是一位隐士，跟王维住得很近，所以两人过从甚密。关于裴迪，史料并不多。著名小说家何大草写了一本《春山》，里面涉及裴迪和王维的交往。你要有兴趣进一步了解这两位古人，就去读这本小说。

《山中与裴秀才迪书》是王维从长安返回辋川之后，给裴迪写的一封信，邀请裴迪在来年开春，一起去山中游玩。这是一封私人的书信，文字却很漂亮，其中的胸怀气度也特别令人感佩。这是我们需要熟读的经典篇章，每读一遍，都有口齿生香之感。

"近腊月下，景气和畅，故山殊可过。"

这句是全文起手，也是主题，意思是腊月就快到末尾了，天气非常舒适，王维想到与裴迪一起游玩过的山，觉得特别值得去走走。

"足下方温经，猥不敢相烦，辄便往山中，憩感配寺，与山僧饭讫而去。"

然而，考虑到裴迪正在温习经典，王维不敢打扰他，就一个人到山里去了，在感配寺休息了一下，和山僧吃完饭就离开了。这里有个"猥"字，是自谦之词。古人很有礼节，称呼对方用敬辞，比如"足下"；称呼自己用谦辞，比如"猥"。"猥"当然不是说自己猥琐，而是谦虚地说自己不高贵。

　　"北涉玄灞，清月映郭，夜登华子冈，辋水沦涟，与月上下；寒山远火，明灭林外；深巷寒犬，吠声如豹；村墟夜舂，复与疏钟相间。"

　　这一段是景色描写，写王维所见。"北涉玄灞"，意为向北渡过黑色的灞水。这个"玄"字，是黑色的意思。"灞"，就是灞水，是一条特别有名的河流。因为唐代诗人在作品里经常会写到灞水，所以阿老师带孩子们去西安游学还特意去找过。但是很可惜，地名虽还在见证历史，而王维笔下那条黑色的灞水，已经不是从前的了。

　　王维在夜晚登上了华子冈，辋川河里的水微波动荡，水里月亮的倒影也上下波动。那寒山中远远的灯火忽明忽暗，在林外看得很清楚。深巷中狗叫，叫声像豹子的叫声。村子里传来舂米声，又与稀疏的钟声相互交错。

　　这里，我最喜欢的一句是"吠声如豹"。为什么狗的叫声像豹子的呢？我们知道，豹子是一种猛兽，这里应该是要表达狗叫声十分凶狠的感觉，但老师仍然觉得"吠声如豹"这个说法特别有意思。

有没有人听过豹子的叫声？如果你去过野生动物园，应该可以听到。其实豹子的叫声蛮低沉的，下次我们可以关注一下。那为什么豹子的叫声明明很低沉，王维却非要说"吠声如豹"？

我觉得有两种可能。第一，"深巷寒犬，吠声如豹"，这是一种声音上的反衬。在寂静的黑夜中，传来一两声狗叫，不会显得这里热闹，而会显得这里很寂静。就像那句著名的诗句"蝉噪林逾静，鸟鸣山更幽"（王籍《入若耶溪》）一样。偶尔传来的鸟鸣，使得这座山更加幽静。

第二，我们从汉语的发音去琢磨。这个"豹"字，我们是怎么念的？"b——ɑo——"我们在发音的时候，从双唇紧闭，到开口爆发；这个"豹"字的发音，是爆破音，声音是很大的。这个字本身就很"响"，所以你不得不佩服王维用字的精妙。为什么不说吠声如狼、吠声如猿？因为"豹"字才能发出爆破音，显出响动，来反衬夜晚的静谧。

"村墟夜舂，复与疏钟相间"，也是这个道理，舂谷子的声音，与稀疏的山寺钟声相间隔，勾画了一种安宁静谧的氛围。这跟王维此时的心境十分吻合：一则是爱这个隐居之地，二则是里面有佛教思想的影响。

　　"此时独坐，僮仆静默，多思曩昔，携手赋诗，步仄迳，临清流也。"

　　这一句以情动人。王维独自默坐，什么也没想，就想着裴迪，想起他们两个人在曲曲折折的山路上行走，面对清澈的河流小溪一起写诗的经历。"曩昔"，就是过去的意思。其实裴迪也是诗人，《全唐诗》收录的裴迪的诗歌一共有 24 首。裴迪跟王维是朋友，跟杜甫也是朋友。但他诗歌上的艺术成就，跟王维和杜甫是无法相比的。所以我们记住了王维和杜甫的诗歌，却只记住了王维和杜甫的朋友——裴迪的名字。但人生有限，得到这样一个在安静的时候能够想起来的朋友，不好吗？足慰平生了。

　　"当待春中，草木蔓发，春山可望，轻鲦出水，白鸥矫翼，露湿青皋，麦陇朝雊，斯之不远，倘能从我游乎？"

　　这一段，就是邀请裴秀才来年开春跟自己一起游玩。王维描摹了春天到来的景象。"轻鲦"，就是鲦鱼；

我们在讲庄子的时候讲过，当是同一种鱼。"麦陇朝雊"，就是麦田里早上有鸟在叫。王维发出邀请："这么美好的景物，你能跟我一起游玩吗？"读到这里，不得不说，这是我读过的最好的邀请函了。

"非子天机清妙者，岂能以此不急之务相邀。"

王维的意思是，如果不是裴迪天性之中有特别超脱的地方，自己也不会用这个不着急的事情来邀请他。这是对裴迪的赞扬。对，只请"你"，因为"你"是"天机清妙"之人，不俗。

"然是中有深趣矣。无忽。"

然而这之中，有深深的意趣。别忘了，"深趣"才是王维和裴迪所在意的。而我们在刚才的行文之中，是不是也已经领略了这些"深趣"呢？

"因驮黄蘖人往，不一。山中人王维白。"

王维让运送黄蘖的人把信送给裴迪。这里，阿老师要多说一句。这个"驮黄蘖人"，真是太有意思了。为什么王维不让自己的随从专门送去呢？可能专门派人送去，就着了行迹，非得有一个恰巧的"驮黄蘖人"顺路，托他带信，才是顺理成章的。这在客观上也表明了王维的隐居环境，与外界没什么联系，只有"驮黄蘖人"偶然到达。而王维的心境，也可见一斑：心外无物，道法自然。

这篇文章绝美，有四字句的赋体，但又不全是，骈散结合，读来朗朗上口；语言可以用"清丽"两个字形容，其中又蕴含着深情妙趣，那种淡淡的喜悦和超脱之情，特别打动人。任何人读完这封邀请信，能不前往吗？总而言之，千年之后，我去西安，还是很想去辋川看看的。

# 第二十四讲
## 春夜宴从弟桃花园序

夫天地者万物之逆旅也；光阴者百代之过客也。而浮生若梦，为欢几何？古人秉烛夜游，良有以也。况阳春召我以烟景，大块假我以文章。会桃花之芳园，序天伦之乐事。群季俊秀，皆为惠连；吾人咏歌，独惭康乐。幽赏未已，高谈转清。开琼筵以坐花，飞羽觞而醉月。不有佳咏，何伸雅怀？如诗不成，罚依金谷酒数。

（李白《春夜宴从弟桃花园序》）

终于讲到李白了！

李白，对于中国人来说，太有名了。例如"床前明月光，疑是地上霜"，凡是中国人，大概没有不会背

《静夜思》这首诗的。李白和屈原、陶渊明、杜甫一样，构成了我们中国人的民族记忆，成了我们的精神滋养。

有很多励志的故事，说的也是李白。阿老师小时候听过一个铁棒磨成针的故事。据说李白小时候很顽皮，不喜欢学习，到处玩——咦，这里要停一下：为什么我们提到的那些名人，小时候基本上都不怎么爱学习，只爱玩呢？你看孔鲤也爱玩，王勃也爱玩，连李白都这样，这说明什么呢？

我们回到这个故事。李白看见一位老奶奶，拿着一根铁棒，在一块石头上磨呀磨。李白问："老奶奶，你在干吗呀？"老奶奶说："我在磨一根针，要磨成缝衣针。"李白好奇怪："那你拿这么粗的铁棒磨干吗？你不能拿根细一点的吗？"请注意，千古名句即将出现——老奶奶说："只要功夫深，铁杵磨成针。"

李白听完，默默地走开了。他只能默默地走开，因为这话他没法接。阿老师小时候也觉得这个故事特别莫名其妙：这老奶奶要做缝衣针，干吗拿铁棒来磨？不能用细的铁丝磨吗？或者，不能去集市买针吗？社会分工越来越细致，买根缝衣针有多难？拿粗铁棒来磨，还说

"只要功夫深，铁杵磨成针"，有这个时间去磨铁棒，我们可以做多少有意思、有趣的事情啊！

但是，阿老师小时候胆子很小，老师的威严很大；听老师讲这个故事的时候，阿老师只能在心里嘀咕，不敢提出自己的疑惑。现在，阿老师年纪大了，总算可以把这个疑惑提出来了，也请读者朋友们思考一下：你们觉得这个"铁杵磨成针"的故事，靠谱吗？

以上是题外话，我们继续讲李白。李白这个人，我们既熟悉又陌生。在大诗人的脸谱化的标签之外，你对他一生的细节还有更多的了解吗？比如：他的青少年时代究竟是如何度过的？他的理想和追求又是什么？

我很喜欢的一位叫李长之的学者，写了一本书，叫《道教徒的诗人李白及其痛苦》。李长之认为，李白作为道教徒诗人，一生过得很痛苦。这一点，我们不到一定年纪，恐怕不容易理解。这个"天子呼来不上船，自称臣是酒中仙"（杜甫《饮中八仙歌》）的李白，居然会痛苦。但是阿老师很认同。李白的痛苦丰富而巨大，他用喝酒来麻醉自己，借酒浇愁，并通过及时行乐来化解自己的痛苦。

比如阿老师很喜欢的《独坐敬亭山》：

众鸟高飞尽，孤云独去闲。

相看两不厌，只有敬亭山。

这首诗表达的是什么？有人说是闲适。但阿老师看到的，是孤独。"相看两不厌，只有敬亭山"，什么都没有，只有敬亭山，而且"相看两不厌"，这是何等的孤独。

"床前明月光，疑是地上霜"，表达的也是孤独。"举头望明月，低头思故乡"，什么时候才会思故乡？孤独的时候。李白还有诗歌说"举杯邀明月，对影成三人"，连影子在内好像是三个人，但其实仍是李白一个人，他仍然孤独。孤独就像一个人的宿命。孤独就像对李白的诅咒。所以，世人都以为李白豪放不羁，都以为李白潇洒风流，然而，这是一个充满了悲情的诗人。

杜甫倒是很理解他，杜甫说："不见李生久，佯狂真可哀。世人皆欲杀，吾意独怜才。"（《不见》）

杜甫真的理解李白。杜甫比李白小约莫 11 岁，他们也曾携手同游。可是啊，他们只能遥相呼应，一辈子只遇见了寥寥几次——不超过三次。以至于有学者说，李白与杜甫的见面，是历史上最伟大的相遇。

今天我们要讲的文章，大概写于公元 735 年前后。当时李白在今天的河南洛阳一带，和堂弟们一起喝酒，喝得很开心，就写了这篇文章。然而，我们看到的，仍是悲情，仍然是永恒的痛苦。

文章标题中的"从弟"，就是堂弟。"春夜宴从弟"的意思是春天的夜晚，跟堂弟们在桃花园喝酒写诗。序，是一种文体。

"夫天地者万物之逆旅也；光阴者百代之过客也。"

天地是万物的客舍，时间是古往今来的过客。"逆旅"，就是旅馆。那为什么叫"逆旅"呢？"逆"，就是反方向；逆流而上，就是迎着水流的方向。因此"逆"有迎的意思。因为客店是迎接客人入住的，所以就叫"逆旅"。

"而浮生若梦，为欢几何？古人秉烛夜游，良有以也。"

人生就像一场梦，欢乐又有多少呢？古人拿着蜡烛在晚上游宴，确实是有道理的呀。"秉烛夜游"是个成语，出自《古诗十九首》第十五首中的诗句："昼短苦夜长，何不秉烛游？""良有以也"，"良"就是很、非常的意思，"以"就是原因、道理的意思。"良有以也"，就是特别有道理的意思。这也是一个常用的句子。阿老师自己也是一个写作者，就特别喜欢用这个句子，每次说到特别有道理的东西的时候，就会说"良有以也"。虽然这是文言句式，但我们在现代白话文里还在用。

"况阳春召我以烟景，大块假我以文章。"

"大块"不是大块头的意思，而是指大自然。"文章"也不是指我们写的文章，而是指绚丽的文采。所以这句话的意思就是"况且春天用艳丽的景色召唤我，大自然把各种锦绣风光赐予我"。

"会桃花之芳园，序天伦之乐事。"

相聚在桃花园里，叙天伦之乐。这里有个词语我们现在还在用，叫"天伦之乐"。

　　"群季俊秀，皆为惠连；吾人咏歌，独惭康乐。"

　　"季"这个字，我们在讲《陈亢问于伯鱼》的时候就说过了。"伯仲叔季"的兄弟排行里，"季"是最小的那个弟弟。"群季"，就是弟弟们的意思。弟弟们都非常有才华，都像谢惠连一样。谢惠连是南朝诗人，早慧。在这里，诗人以惠连来称赞诸弟的文才。后文中李白说"我们写诗作赋，我却惭愧于比不上谢灵运"，文中的"康乐"指的是康乐公，就是谢灵运。

　　"幽赏未已，高谈转清。开琼筵以坐花，飞羽觞而醉月。"

　　"琼筵"，指华美的宴席。宴席开设起来，大家都坐在花丛中。"羽觞"，是古代的一种酒器，像鸟雀的样子，有头尾羽翼。"飞羽觞"，就是指把酒杯传递起来，醉倒在月光下。这段话是说他们在宴会上十分开心，大家都喝得很尽兴。

　　"不有佳咏，何伸雅怀？如诗不成，罚依金谷酒数。"

这里也有一个典故。"金谷",一个园子的名字,晋朝石崇于金谷涧中所筑,大致在现在河南洛阳的西北。石崇常在这里宴请宾客,喝酒作诗,要是有人作不出诗,就要罚他喝三斗酒——宴会上罚酒三杯的常例就源于此。没有好诗,怎能抒发高雅的情怀?倘若有人作诗不成,就要按照当年石崇在金谷园宴客赋诗的先例,罚酒三杯。

这篇文章,可谓字字珠玑,叮当作响。文章虽短,然跌宕有致,风格清俊潇洒,语言流畅自然,还有一种特别高致的情怀。很多人都认为,这里表达了李白热爱生活和自然景物的情怀,充满进取精神和生活激情。我在一定程度上也认同这种观念。毕竟我们可以从文中感受到李白神采飞扬,酒酣耳热,胸怀坦荡。

但是,这篇文章是不是也有着对生命短暂的深切感悟呢?归根到底,李白是一个悲情诗人。大家都还在开心大笑时,他已经发出了悲鸣。你看,从"而浮生若梦,为欢几何"这句话里,我们就看到了李白的哀伤与感慨。只是别人没这么敏感,不能捕捉到李白藏在"神采飞扬"后面的落寞罢了。

那么，李白的痛苦究竟来自何方呢？或许是生命本身带来的感兴，就像王羲之的那个"岂不痛哉"的感慨，或许是精神上的孤独，或许是壮志难酬、功业未就的痛苦，又或许是人类本身存在的孤独宿命。总之，这是丰富的痛苦，并借由他不朽的诗篇和文章，传递给我们后人，让我们一咏三叹。

所以，杜甫才是那个最了解李白的人啊："冠盖满京华，斯人独憔悴。"（《梦李白二首·其二》）

最后，我们用余光中的《寻李白》（节选），来结束今天的话题吧：

> 那一双傲慢的靴子至今还落在
>
> 高力士羞愤的手里，人却不见了
>
> 把满地的难民和伤兵
>
> 把胡马和羌笛交践的节奏
>
> 留给杜二去细细地苦吟
>
> 自从那年贺知章眼花了
>
> 认你做谪仙，便更加佯狂
>
> 用一只中了魔咒的小酒壶
>
> 把自己藏起来，连太太也寻不到你

怨长安城小而壶中天长

在所有的诗里你都预言

会突然水遁，或许就在明天

只扁舟破浪，乱发当风

——而今，果然你失了踪

树敌如林，世人皆欲杀

肝硬化怎杀得死你？

酒入豪肠，七分酿成了月光

余下的三分啸成剑气

绣口一吐就半个盛唐

从开元到天宝，从洛阳到咸阳

冠盖满途车骑的嚣闹

不及千年后你的一首

水晶绝句轻叩我额头

当地一弹挑起的回音

其实，李白也有特别开心忘我的时刻。但写完全文，阿老师却想为这个从小不爱学习，长大了却成为"诗仙"的李白痛哭一场；为他的孤独与痛苦，痛哭一场。

# 第二十五讲
## 与妻书

> 陌上花开，可缓缓归矣。
>
> （钱镠《与妻书》）

今天我们终于可以读一则轻松的短文了，不是长篇累牍，不用为了疏通字句费尽心思。"陌上花开，可缓缓归矣。"这可以说是史上留存的最短的家书，也是最深情的情书。我们一起来聊一聊。

五代十国的时候，有个叫钱镠的人，他通过军事割据，逐渐占据以杭州为中心的两浙十三州（约为现在的浙江、上海、江苏东南、福建东北一带），建立了一个国家，即吴越国。

钱镠在位期间，采取保境安民的政策。虽然国境以外时有战争，但国境之内经济建设有序进行，加上浙江一带本身就是鱼米之乡，渔盐桑蚕之利甲于江南，一时间吴越国文士荟萃、人才济济，文艺也著称于世。

钱镠比较大的贡献之一，就是治水。他曾征用民工，修建钱塘江捍海石塘，这样就杜绝了水患，使得"钱塘富庶盛于东南"。他又在太湖流域建造堰闸来蓄洪，这样就不必担心遇上旱灾和水灾了。从此，太湖流域的水田多了起来，土地膏腴，有"近泽知田美"之语。他还鼓励扩大垦田，从此"境内无弃田"，年丰岁稔，吴越国百姓都称其为"海龙王"。

钱镠造福百姓，浙江民间至今还流传着许多关于他的故事。阿老师小时候听过"钱王射潮"的故事：

在浙江，每年农历八月十八，钱塘江水大涨。如果江堤没修好，大水就会漫过江岸，给两岸的人民带来损失。所以，治理潮水成为历任浙江地方官的一个难题。

钱镠在位的时候就开始修筑海塘，建筑堤坝。但海潮汹涌，钱塘江海堤修筑不成。钱镠的部下认为是潮神作怪。于是农历八月十八这天，钱镠在钱塘江前布置一万名弓箭手，并声称："假如潮水再来，那就不要怪我手下无情！"可是潮神并没有理睬。一会儿，但见远远一条白线飞速滚来，钱镠命万箭齐发，直射潮头。那潮头竟弯弯曲曲地"逃"走，最后消失得无影无踪。

直到今天，钱塘江水还弯弯曲曲地向前流，像"之乎者也"的"之"字，因此后人又叫钱塘江为"之江"。浙江这个名字也是由此而来的。"浙"字去掉三点水，就是"折"字。浙江即曲曲折折的江，这条曲曲折折的江，就是钱塘江。

钱镠为老百姓办事，老百姓就记得他，修建祠堂纪念他。比如，阿老师现在住的城市绍兴就有钱王祠。这个祠堂现在已毁，但是路名还存在，有一条路名字就叫钱王祠前。

"陌上花开，可缓缓归矣。"这是钱镠写给他夫人信中的一句话。信的全文，现在已找不到了，只留下这么两句，最早因苏东坡的介绍而为人所知。苏东坡在杭州任职的时候，听到民间关于钱镠的传说，也很尊敬钱镠，就为这个故事写下了三首《陌上花》诗，诗歌的序言里说："游九仙山，闻里中儿歌《陌上花》。父老云：吴越王妃每岁春必归临安，王以书遗妃曰：'陌上花开，可缓缓归矣。'吴人用其语为歌，含思宛转，听之凄然。而其词鄙野，为易之云。"

钱镠的王妃是临安人，每年春天一定会回娘家。钱镠想她了，就写一封信给她。信中写道："陌上花开，可缓缓归矣。"

"陌"，就是小路。有个词叫"阡陌"，有个成语叫"阡陌纵横"。阡陌究竟是什么呢？原来，中国古代曾实行井田制，农田被分成一小块一小块的，人们称之为井田；井田之间的小路，就叫阡陌。阡是指南北走向的田埂，陌是指东西走向的土埂。

钱镠在信中对妻子说："小路上花都开了，你可以慢慢回来啦。"情深意切，感人至深。所以，我们说这是史上留存的最短的家书，又是最深情的情书。

古人的情书一般会怎么写？其实古人留下了很多例子，足为我们后人称道。

直接一点的，这么说："一日不见，如三秋兮。"（《诗经》）

决绝一点的，这么说："上邪！我欲与君相知，长命无绝衰。山无陵，江水为竭，冬雷震震，夏雨雪，天地合，乃敢与君绝！"（《乐府诗集》）

表示忠贞不渝的，这么说："死生契阔，与子成说。执子之手，与子偕老。"（《诗经》）

而最哀伤的，当属这句："衣带渐宽终不悔，为伊消得人憔悴。"（柳永《蝶恋花》）

吴越王钱镠是一个武将出身的人，可写给妻子的信却显得温文尔雅，情感丰富又体贴。他想妻子了，想要妻子回来，但又不催促她，而是希望她能看看陌上花开，真是又含蓄隽永，又思念入骨啊！这就是最中国化的爱情表达方式。东方文明就是这样的，有一点含蓄，"乐而不淫，哀而不伤"。

日本有个作家叫夏目漱石，代表作有《我是猫》等。他年轻时，做过英语老师。有一次，他让学生把英文"I love you"（我爱你）译成日语，学生们都按照字面意思翻译，夏目漱石说："不对，日本人怎么可能这么说？日本人只需说'今晚月色很好'就可以了。"

这个故事，和我们今天讲的"陌上花开，可缓缓归矣"，真的很有异曲同工之妙呢。

# 第二十六讲
# 岳阳楼记

嗟夫！予尝求古仁人之心，或异二者之为，何哉？不以物喜，不以己悲，居庙堂之高则忧其民，处江湖之远则忧其君。是进亦忧，退亦忧。然则何时而乐耶？其必曰"先天下之忧而忧，后天下之乐而乐"乎！噫！微斯人，吾谁与归？

（范仲淹《岳阳楼记》选段）

《岳阳楼记》自然是雄文，但阿老师这次只讲最后一段，因为这里有一句千古名言："先天下之忧而忧，后天下之乐而乐。"这句话一直激励着后代的读书人，成为知识分子的价值操守。

范仲淹生于公元 989 年，卒于公元 1052 年。他是世家子弟，他的曾祖父曾在吴越国（就是钱镠建立的那个吴越国）任职。他的名字很有意思："仲"字，我们知道是排行第二的意思；"淹"则是指江淹，南朝的著名文学家。起名为范仲淹，就是希望成为第二个江淹。

其实，范仲淹两岁的时候，他的父亲就去世了，母亲因为家里失去了顶梁柱，就改嫁给一个姓朱的人。范仲淹从小就改名叫朱悦，到29岁才改回范姓。

范仲淹少年时在醴泉寺发愤苦读。因家境贫寒，他便用小米煮粥，放置一夜，等粥凝固后，用刀将其切为四块，早晚各吃两块，再用一些腌菜佐粥。有个故事叫"断齑画粥"，讲的就是范仲淹苦读的这个故事。

范仲淹诗文都很棒，词也写得好，著名的词句有"羌管悠悠霜满地"（《渔家傲·秋思》）、"碧云天，黄叶地，秋色连波，波上寒烟翠"（《苏幕遮·怀旧》）等。现代有个学者叫胡适，他经常会引用一句话——"宁鸣而死，不默而生"。这句话，我一直以为是胡适创造的，后来才知道原是范仲淹说的。范仲淹在《灵乌赋》里写了这个句子。

《岳阳楼记》写于庆历六年，即公元1046年。范仲淹的同年（即同一年考上进士的人）滕子京被贬黜出京，到今天的湖南岳阳任职。过了两年，滕子京重修了岳阳楼，邀请范仲淹写一篇文章，于是就有了著名的《岳阳楼记》。

《岳阳楼记》写景抒情，表面上看是在写洞庭湖的胜景，其实讲的还是作者自己被贬谪之后的心情，表现作者虽身居江湖、屡遭迫害，仍心忧国事，不放弃理想的意志，这也是当时知识分子所追求的节操。同时，这篇文章也是对被贬同僚的鼓励和安慰。

> "嗟夫！予尝求古仁人之心，或异二者之为，何哉？不以物喜，不以己悲，居庙堂之高则忧其民，处江湖之远则忧其君。"

唉！"我"曾经探求古时品德高尚的人的思想感情，他们的心情或许不同于以上两种，这是什么缘故呢？因为古时品德高尚的人不因外物好坏和自己的得失而或喜或悲。

这段话中用了一种修辞手法——互文。上下两句或一句话中的两个部分，看似分别说两件事，实际却互相呼应，互相阐发，互相补充，这就叫互文。比如，"不以物喜，不以己悲"，字面意思是不因外物而高兴，不为自己而悲伤。但它应该这样翻译：不因外物的好坏和自己的得失，而高兴或者悲伤。前后两句话要交互在一起来理解才对。紧接下去的那句，也是一样的。"居庙堂之高则忧其民，处江湖之远则忧其君。"无论"居庙堂之高"还是"处江湖之远"，都"忧其民""忧其君"。

北朝民歌《木兰诗》里也有一个例子："东市买骏马，西市买鞍鞯，南市买辔头，北市买长鞭。"字面意思是到东市买了骏马，去西市买了鞍鞯，往南市买了辔头，从北市买了长鞭。但你要是这么翻译，就错了，就没有正确理解互文。这四句是说到各个街市买齐了东西等战具，不是说每到一处只买一样东西。

"是进亦忧，退亦忧。然则何时而乐耶？其必曰'先天下之忧而忧，后天下之乐而乐'乎！噫！微斯人，吾谁与归？"

这样进也忧虑，退也忧虑，那他们什么时候才快乐呢？他们一定要说"在天下人忧愁之前先忧愁，在天下人快乐以后才快乐"吧？唉！如果没有这种人，"我"同谁一路呢？

"微斯人，吾谁与归？"这句话，我也解释一下。

"微"，就是没有的意思。"斯"，是代词，这个的意思。"微斯人"，意思是没有这样的人。"吾谁与归？"这是一个倒装句，跟我们现代汉语的句型不一样。"谁与"，就是与谁的意思。这句话的意思："我跟谁同道呢？"

《岳阳楼记》真的特别棒。对于这么棒的文章，我们一定要背出来才对。

岳阳楼现在仍是风景名胜区，就在洞庭湖边上。跟滕王阁一样，岳阳楼也是地方标志性建筑。阿老师曾经去过岳阳楼，虽然那是几十年前的事了，但至今印象深刻。我登上了岳阳楼的最高层，眺望洞庭湖。那是我唯一一次眺望洞庭湖，时间已经是黄昏了，夕阳照耀着湖面，确实就像范仲淹在《岳阳楼记》里说的——"浮光跃金，静影沉璧。"

当时，阿老师孤身一人站在岳阳楼的楼头，觉得千年的文学史就在自己脚下，心里不由得默默背诵起杜甫的《登岳阳楼》：

> 昔闻洞庭水，今上岳阳楼。
> 吴楚东南坼，乾坤日夜浮。
> 亲朋无一字，老病有孤舟。
> 戎马关山北，凭轩涕泗流。

# 第二十七讲
# 记承天寺夜游

> 元丰六年十月十二日夜，解衣欲睡，月色入户，欣然起行。念无与为乐者，遂至承天寺寻张怀民。怀民亦未寝，相与步于中庭。庭下如积水空明，水中藻、荇交横，盖竹柏影也。何夜无月？何处无竹柏？但少闲人如吾两人者耳。
>
> （苏轼《记承天寺夜游》）

写这些讲古文的稿子，阿老师还是挺享受的，因为喜欢。比如今天我们要讲的苏轼，这是一个人见人爱的文人，阿老师也很喜欢，所以在写讲稿的时候，写得兴高采烈，不由得"手之舞之，足之蹈之"（《毛诗序》）。

我一直说，"最中国"的文人，就是苏轼，因为苏轼最能代表中国文化。为什么呢？推荐你去读林语堂的

《苏东坡传》，林语堂是苏轼千年之后的知音之一。

关于苏轼的出生，有一个神奇的传说。据说，在今天的四川眉山境内，有一座彭老山，山上草木繁茂。宋仁宗景祐三年（1037），这座山上的草木突然枯萎了，像是被什么吸走了精华。眉山的父老议论纷纷，但百思不得其解。直到很多年以后，大家才恍然大悟。原来这一年，一个少年出生在眉山，他就是苏轼；可以说苏轼是吸取了天地之精华而生的。

更神奇的是，在六十六年后，即宋徽宗建中靖国元年（1101），彭老山上的草木又重新变得葱郁了起来，而苏轼正是这一年去世的，好像苏轼将出生时借走的英灵之气还给了彭老山似的。

当然，这只是一个民间传说，让人觉得苏轼的天才不似人间所有。我们在学习古典文学的过程中，一定会遇见一些人，这些人的才华、胸襟、操守都是第一流的。苏轼便是其中之一。

苏轼从小生活在眉山县城，家境殷实，家中有许多藏书，读书氛围很浓。苏轼童年时，父亲苏洵常常在外游学，家庭教育主要靠的是苏轼的母亲程氏。程氏自身文化素养很高，她曾经教苏轼读《后汉书·范滂传》。

范滂是东汉名士，为人耿直，有学问，重气节。班固在书中说他"登车揽辔，有澄清天下之志"。由于反对朝中宦官专权，范滂受党锢之祸牵连而身死。

苏轼读完《范滂传》，非常感动，就对他的母亲程氏说："母亲，我将来也想当一个像范滂一样的人，你会同意吗？"程氏的回答非常有水平，她说："如果你可以做范滂，那我为什么不能做范滂的母亲呢？"

在宋仁宗嘉祐元年（1056），苏洵带着二十一岁的苏轼和十九岁的苏辙从嘉陵江畔出发，经秦岭入关中，来到东京汴梁（现在的河南开封）参加科举考试。当时的主考官欧阳修读了苏轼的应试作文，深受震撼，并预言这个考生"他日必将独步文坛"。欧阳修想让这个考生当第一名，但转念一想，这篇文章可能是自己的学生曾巩写的，为了避嫌，就给了这个考生第二名。苏轼在考场上所写的《刑赏忠厚之至论》，当时就名动京城，后来更是成了千古佳篇。

在之后的礼部复试中，苏轼以"春秋对义"（回答《春秋》这部书的问题）获得第一名的成绩；后来参加仁宗皇帝亲自主持的殿试（及第的话就是天子门生），与弟弟苏辙同科进士及第。为此，仁宗还跟皇后开玩笑说，今年为子孙得了两个宰相。

欧阳修和苏轼之间，由于是主考官与考生的关系，也成了师生。进士放榜后，苏轼向恩师递了《谢欧阳内翰书》。欧阳修曾向友人称赞苏轼的文采："读轼书，不觉出汗。快哉！快哉！""更三十年，无人道着我也！"

这两段话的意思："读了苏轼的文章，实在是畅快淋漓。""三十年以后，人们就会只知道苏轼，没有人再记得我欧阳修了。"

苏轼一生在官场的起伏很大：反对过王安石变法，后又自求外任，即从中央到地方上去做官；经历过乌台诗案，在御史台狱中写下绝命诗；后来被贬到黄州，又从黄州被贬到惠州、儋州。他在《自题金山画像》一诗中说："问汝平生功业，黄州惠州儋州。"

苏轼因乌台诗案被贬到黄州，任黄州团练副使。苏轼在元丰三年（1080）抵达黄州。如果说乌台诗案是苏轼人生的一个转折点，那黄州这个城市可以说是他人生的另一个起点。杜甫说："文章憎命达。"《天末怀李白》无疑，在黄州时是苏轼创作的一个"井喷期"。

在黄州的第二年，因生计艰难，苏轼的朋友马正卿向黄州府求得黄州城东门外"故营地"五十亩给苏轼耕种，苏轼给它命名为"东坡"，并从此自号"东坡居士"。次年，苏轼于东坡下得废园，他在废园建堂，因堂建成时正逢大雪，就为其取名为"雪堂"。

《记承天寺夜游》就写于黄州时期。苏轼当时任检校上书水部员外郎，充黄州团练副使。这两个身份都是犯事官员所挂的虚职，苏轼不但不能参与公事，还要受到当地政府的看管，跟流放差不多。试想，一个名震京城、被皇帝赞誉为有宰相之才的人，忽然被贬到一个荒凉之地，心里一定不好受。

因为是犯官，苏轼到黄州后，没有专门的官员房舍居住，不得不借住在一座叫定慧院的小寺庙里。这期间的孤独与悲凉只有苏轼自己才能感受，我们可以从他写的《卜算子·黄州定慧院寓居作》中感知一二：

> 缺月挂疏桐，漏断人初静。谁见幽人独往来，缥缈孤鸿影。
>
> 惊起却回头，有恨无人省。拣尽寒枝不肯栖，寂寞沙洲冷。

苏轼在黄州的日子一天天过去，不知不觉间，他的身边又出现了一群新朋友。元丰六年（1083），他被贬到黄州的第四年，"朋友圈"中又增加了一位刚谪居黄州的张怀民。

像苏轼一样，张怀民刚到黄州时，没有房子，只好暂时寓居在承天寺里。兴许是因为有着相同的境遇，所以苏轼和张怀民一见如故。张怀民在江边找了一块地，准备造新居。不过他先在这里建了一座亭子，苏轼就用战国时宋玉《风赋》里的一句"快哉此风"，将之命名为"快哉亭"。

此时的苏轼，已经慢慢把初到黄州时的失意、孤独消融在自然、哲学和友谊中。这些反映在诗文里，就是其中多了许多日常生活的细节。元丰六年十月十二日夜，天已入秋，苏轼从住处到承天寺找张怀民。两人很有兴致地在月下散步。回去后，苏轼写下了《记承天寺夜游》这篇随笔。

我们从这篇叙事简练、写景精妙的随笔里，能看出此时苏轼笔下呈现的是一种空明而又充满生活旨趣的状态。张怀民虽然做的是主簿之类的小官，但心胸依旧坦荡。两人在志趣上相近，以山水来怡情悦性，处逆境却没有悲戚之容。这种寂寞又超然闲适的心态，寄托在月色和积水等自然风物中，这从苏轼说他们两人是"闲人"中可见一斑。

我们能从这篇文章里看到苏轼的才华，他随手记录的日常生活片段，亦能成为传世的佳篇。后世有人评价："文至东坡真是不须作文，只随笔记录便是文。"（王舜俞《苏长公小品》）

今天我们先聊到这里，以后，我们还会不断谈及苏轼，谈到过瘾为止。

# 第二十八讲
## 《东京梦华录》序

　　仆从先人宦游南北，崇宁癸未到京师，卜居于州西金梁桥西夹道之南。渐次长立，正当辇毂之下，太平日久，人物繁阜，垂髫之童，但习鼓舞，斑白之老，不识干戈，时节相次，各有观赏。灯宵月夕，雪际花时，乞巧登高，教池游苑，举目则青楼画阁，绣户珠帘，雕车竞驻于天街，宝马争驰于御路，金翠耀目，罗绮飘香。新声巧笑于柳陌花衢，按管调弦于茶坊酒肆。八荒争凑，万国咸通。集四海之珍奇，皆归市易；会寰区之异味，悉在庖厨。花光满路，何限春游，箫鼓喧空，几家夜宴。伎巧则惊人耳目，侈奢则长人精神。瞻天表则元夕教池，拜郊孟享。频观公主下降，皇子纳妃。修造则创建明堂，冶铸则立成鼎鼐。……

仆数十年烂赏叠游，莫知厌足。

一旦兵火，靖康丙午之明年，出京南来，避地江左，情绪牢落，渐入桑榆。暗想当年，节物风流，人情和美，但成怅恨。近与亲戚会面，谈及曩昔，后生往往妄生不然。仆恐浸久，论其风俗者，失于事实，诚为可惜，谨省记编次成集，庶几开卷得睹当时之盛。古人有梦游华胥之国，其乐无涯者，仆今追念，回首怅然，岂非华胥之梦觉哉！目之曰《梦华录》。

然以京师之浩穰，及有未尝经从处，得之于人，不无遗阙。倘遇乡党宿德，补缀周备，不胜幸甚。此录语言鄙俚，不以文饰者，盖欲上下通晓尔。观者幸详焉。

绍兴丁卯岁除日幽兰居士孟元老序。

（孟元老《东京梦华录》选段）

2020 年，有一部热播电视剧叫《清平乐》，讲的是北宋仁宗时的故事。有意思的是，宋仁宗赵祯诞生于公元 1010 年，离 2020 年恰好 1010 年。

《清平乐》故事的地点在北宋的首都开封（又叫汴京、汴梁，今河南开封）。这部剧器具精美，服饰典雅，建筑结构还原度高，乃至典章制度、文士风流，甚至蜜饯小吃，都非常具有写实度，因此引起了人们的关注。比如我，也津津有味地一直看到全剧终了。看到宋代名士如晏殊、范仲淹、欧阳修出现时，我便一阵激动。而当他们吟诵那些我们耳熟能详的诗文时，我简直要感动得流泪。

那么，我们现代人，怎么知道古代的历史风貌呢？怎么知道古人的生活细节呢？显然，我们可以去考古。比如，古人留下的很多书画作品，可以让我们一窥当时的风貌，像著名的《清明上河图》。这是当时的画家张择端仅有的存世精品，属国宝级文物，现藏于北京故宫博物院。这幅画是北宋京城生活最直观的表现。

除了图画之外，当时的史料、笔记，都可以作为我们复原历史场景的参考。据《清平乐》的主创人员讲，他们的主要参考书中，有一本便是阿老师今天要讲的孟元老所著的《东京梦华录》。

孟元老原名叫孟钺，具体生卒年份已不可考。我们只知道，他长期居住在北宋的首都开封。开封为什么叫东京呢？因为当时北宋有东、南、西、北四京：北京大名府（今河北大名东北）、西京河南府（今河南洛阳）、南京应天府（今河南商丘）、东京开封府。其中东京开封府是首都。

孟元老生活在北宋、南宋之交，祖上当官，他也算是出身豪门，经历过盛世繁华。孰料战争忽起，一时间他家破人亡。金国灭北宋是在1127年，金人掳走了宋徽宗、宋钦宗，史称"靖康之难"——因为这一年的年号就是靖康。岳飞的词《满江红》里说"靖康耻，犹未雪"，指的就是这段历史。

我们再来说"梦华录"。"华"，指的是华胥国。在《列子》这本古书里，有黄帝梦游华胥国，醒来后天下大治的故事。所以中国古代一直有华胥之梦的传说，以其指代理想的安乐和平之境，或者梦境。因此，孟元老在《东京梦华录》的序言中说"古人有梦游华胥国，其乐无涯者，仆今追念，回首怅然，岂非华胥之梦觉哉！目之曰《梦华录》"。

孟元老像很多北宋末年的文人一样，在北宋灭亡之后，选择了南渡。他后来住在杭州，经常回忆东京的繁华。但是那些生在南渡之后的青年，已经不相信曾经有那么繁华了。

这令阿老师想起一部电影——《追风筝的人》。曾经，阿富汗的喀布尔也是一个特别繁华的城市，后来却一片凋敝。繁华盛世有时转瞬即逝，历史自有它的逻辑。这是很无奈的。

孟元老凭着自己的记忆，描述了北宋都城的方方面面——从都城整体的格局，到皇宫的建筑，从饮食起居到岁令时节，几乎无所不包——写成了一本《东京梦华录》。

全书篇幅很长，自然不可能在一篇文章里讲完。所以我只选了序言。

序言的主体部分有三段。第一段追忆汴京的繁华热闹。第二段笔锋一转，以靖康之难为界，划分出两个截然不同的时空和心境。第三段则书写了自己的苍凉心境。真可谓百转千回，令人唏嘘不已。

东京的繁华，我们借着孟元老的描述得窥一斑。

> "太平日久，人物繁阜，垂髫之童，但习鼓舞，班白之老，不识干戈。"

175

垂着辫子的小孩子，把时间都用于学习击鼓、舞蹈。头发白了的老人，也不知道战争是什么。

接下去就是对东京盛况的描述，关于这一部分，我来稍稍解释一下。

> "灯宵月夕，雪际花时，乞巧登高，教池游苑，举目则青楼画阁，绣户珠帘。"

华灯齐放的良宵，月光皎洁的夜晚；瑞雪飘飞之际，百花盛开之时；或者是七夕的乞巧，或者是重九的登高；或者是金明池的禁军操练，或者是琼林苑的皇上游幸……放眼所见，到处是青楼画阁，绣户珠帘。

> "雕车竞驻于天街，宝马争驰于御路，金翠耀目，罗绮飘香。"

雕饰华丽的车轿争相停靠在大街边上，名贵矫健的宝马纵情奔驰在御街上，到处镶金叠翠，耀人眼目，罗袖绮裳，飘送芳香。

> "新声巧笑于柳陌花衢，按管调弦于茶坊酒肆。"

新歌的旋律与美人的笑语，回荡在柳荫道上与花街巷口；箫管之音与琴弦之调，弹奏于茶坊雅聚与酒楼盛宴之上。

"八荒争凑，万国咸通。"

全国各州郡之人争相汇集，世界各国都来交流沟通。

"集四海之珍奇，皆归市易；会寰区之异味，悉在庖厨。花光满路，何限春游，箫鼓喧空，几家夜宴。"

四海的珍品奇货，都可在京城的集市上进行买卖；九州的美味佳肴，荟萃于京城的宴席上供人享受。鲜花的光彩铺满道路，何止于百姓乘兴春游之时；音乐震响长空，又见几家豪门正开夜宴。

"伎巧则惊人耳目，侈奢则长人精神。"

奇特精湛的技艺表演使人耳目一新，奢侈享受的生活使人精神振奋。

"瞻天表则元夕教池，拜郊孟享。频观公主下降，皇子纳妃。修造则创建明堂，冶铸则立成鼎鼐。"

能够观瞻到皇上天颜的机会，是在元宵节观灯、金明池观射、郊坛祭天的时候。人们还能多次看到公主出嫁、皇子纳妃的盛大典礼。要想见识修造技艺的精湛，可看朝廷修建的明堂；要想欣赏冶铸技术之高超。

"仆数十年烂赏叠游，莫知厌足。"

"我"在几十年当中沉醉于观赏盛典，迷恋于游玩胜地，从来没有感到厌倦和不满足。

"一旦兵火，靖康丙午之明年，出京南来，避地江左，情绪牢落，渐入桑榆。暗想当年，节物风流，人情和美，但成怅恨。"

不料忽然间战火燃起，宋钦宗靖康元年的第二年，"我"离开汴京来到了南方，因躲避战乱而住在长江下游的东部一带，情绪郁闷而低落，又逐渐进入老年晚景。"我"常想起当年在京城里的生活，四季的风物景观，人与人之间的种种友善往来，都已化成惆怅和遗憾。

至此，东京的盛况渐渐散去，孟元老的心绪不断被经历战火之后的残景所扰乱。

这种心境也可以用元曲中的一句唱词来言说："原来姹紫嫣红开遍，似这般都付与断井颓垣。"（汤显祖《牡丹亭》）

孟元老所描述的盛世繁华，根据不同的史料佐证都是事实，没有夸张，也没有虚构。但一度绚烂如斯，竟也在一夕之间化为梦幻泡影，对亲历者而言，这种情感真是一言难尽。

# 第二十九讲
# "不亦快哉"五则

于书斋前，拔去垂丝海棠、紫荆等树，多种芭蕉一二十本，不亦快哉！（其四）

子弟背诵书烂熟如瓶中泻水，不亦快哉！（其七）

重阴匝月，如醉如病。朝眠不起，忽闻众鸟毕作弄晴之声，急引手搴帷推窗视之，日光晶荧，林木如洗，不亦快哉！（其十三）

冬夜饮酒，转复寒甚，推窗试看，雪大如手，已积三四寸矣，不亦快哉！（其十六）

夏日于朱红盘中，自拔快刀切绿沉西瓜，不亦快哉！（其十七）

（《金圣叹评点西厢记》选段）

有一年，阿老师帮一位新昌的朋友卖花生，拟了一句广告词。这句广告词的原作者其实是金圣叹，他说："花生与豆腐干同嚼，有火腿味。"

据说，这是金圣叹的遗言。金圣叹因为"哭庙"案而被斩首。在行刑之前，他招招手把儿子叫过来，说："我有一句要紧的话，要跟你说——花生与豆腐干同嚼，有火腿味。"如果这件事是真的，我们只能感慨：是真名士自风流。

什么是"哭庙"案？1661年，吴县（今苏州市吴中、相城区）的一些读书人为声讨吴县县令任维初的贪酷，组织了一次地方性请愿活动。当时吴地百姓苦官府已久，有一批读书人愿意伸张正义，跑到文庙中的先圣牌位面前痛哭流涕，一则表达不满，二则也是发泄自己的情绪，提出某些诉求。然而，读书人"哭庙"之际，正值顺治帝驾崩之时。当时皇帝逝世的哀诏已到达苏州，这些读书人的举动被认为是触犯了顺治帝的灵位，犯下了大不敬之罪。金圣叹也是"哭庙"的读书人之一，因此被捕，之后就被判决砍头处死。

为什么读书人到孔庙哭一哭，就会被斩首呢？其实，这也是清朝统治者为了吓阻江南读书人而采取的严刑峻法。清王朝刚开始统治中国的时候，颁布了"剃发令"，汉人男子都要像满人男子一样，编一个大辫子。汉人，尤其是受孔孟教化的读书人，对这个异族政权非常不满。江南一带经济发达，读书人多，表面上服从清政府统治而内心里不服从的大有人在。为了稳住江山，稳住自己的统治，清政府就用残暴的手段镇压江南的读书人，一时间文字狱到处都是。

比如，金庸《鹿鼎记》里写的"明史案"，就是典型的文字狱：就因为清帝已经登基了，明史却还在用明朝的纪年，所以编的人就被认为有反心。

还有一个诗人，看到一阵风吹过，书页被风翻动，写了一句"清风不识字，何故乱翻书"，就被人举报了。举报者说，这句诗是讽刺清朝统治者是游牧民族，不识字。这个诗人因此也被杀了。

你看，这就是文字狱。文字狱可怕，举报的人也很下流。

金圣叹是当时苏州的文坛领袖，他平日好持公论，对达官贵人每多讥讽。那种特立独行的书生意气，和清政权格格不入。再加上他为人孤高，率性而为，非常推崇个人主义，以才子自居，狂放不羁，所以统治者早就有心收拾金圣叹，只是时机未到而已。结果，他居然去"哭庙"，可以说正中统治者下怀。

大家还记得阿老师讲的"怀璧其罪"吗？其实，金圣叹即便不去"哭庙"，也迟早会被抓住把柄，因为他是个内心不服统治的知识分子，而且是个有号召能力的知识分子——这就是他的"原罪"。对于这样一个明末清初的知识分子而言，他的知识、见识、操守，就是"罪过"啊。这就是"怀璧其罪"的新意思。

那么，金圣叹为什么要在临终前让儿子附耳过来，告诉他吃花生的秘密呢？

这是个传说，事实是不是这样，我们无法去考证，但这很符合金圣叹的做派。还有一个传说：金圣叹被斩首，脑袋掉在了地上，却从两个耳朵里掉出两个纸团。刽子手很好奇，捡起来看，只见一个纸团里写着"好"字，另一个纸团里写着"疼"字，合起来就是"好疼"。你看，金圣叹就是这么一个作怪的人，死了也要给人一点与众不同的东西。

我们今天要讲的"不亦快哉"文，也特别有趣，有文人之风；换成任何一个人，都不会有这种文体的。"不亦快哉"文一共有三十三则，出自《金圣叹点评西厢记》一书。今天我们选了其中的五则，来跟大家说说。

什么叫"不亦快哉"？"快"，就是快乐。"不亦快哉"，就是不也很快乐吗？

金圣叹年轻时，曾经跟一个叫王斫山的人住在一起求学。有一次，一连下了十几天的雨，两人无法出门，每天床对床坐着，很无聊，于是各自说些痛快的事来消解无聊。二十年之后，金圣叹追忆从前，记起来三十三条"不亦快哉"。我们不知道哪一条是金圣叹说的，哪一条是王斫山说的，不妨把它们都当作金圣叹写的。

"于书斋前，拔去垂丝海棠、紫荆等树，多种芭蕉一二十本，不亦快哉！"

在书房前，把垂丝海棠、紫荆等树拔去，种了一二十棵芭蕉，不也很痛快吗？

为什么种芭蕉会痛快？芭蕉是古代文人特别喜欢的一种植物，可以听雨。他们将在窗前置芭蕉盆景、在院中植芭蕉树作为一种时尚。李清照的词《添字采桑子》里说："窗前谁种芭蕉树，阴满中庭。阴满中庭。叶叶心心，舒卷有余情。"

"子弟背诵书烂熟如瓶中泻水，不亦快哉！"

这一条说的是自己的子侄晚辈们将古文背诵得滚瓜烂熟，就像瓶子里的水倾泻而出那么流畅，长辈听到了，难道不觉得很痛快吗？这一句，有点像《世说新语》里的"譬如芝兰玉树，欲使其生于庭阶耳"。

"重阴匝月，如醉如病。朝眠不起，忽闻众鸟毕作弄晴之声，急引手褰帷推窗视之，日光晶荧，林木如洗，不亦快哉！"

阴雨连绵，人很没劲，像喝醉了，又像生病了，早上睡懒觉起不来；突然听到鸟叫声，感觉像在呼唤晴天到来；连忙推开帘幕，看到太阳出来了，树木像新洗过一样干净。这不也很痛快吗？

这一则，江南经历过梅雨季节的大朋友小朋友都会深有感触。阿老师小时候住在农村，一到梅雨季节，家里放筷子的笼子就长出了霉菌。加西亚·马尔克斯有本著名的小说，叫《没有人给他写信的上校》，这个上校在雨季觉得自己的胃里长出了有毒的蘑菇。这些感受，都跟雨季有关。

> "冬夜饮酒，转复寒甚，推窗试看，雪大如手，已积三四寸矣，不亦快哉！"

冬天的夜里喝酒，过了一会儿，感觉特别冷，推开窗子看看，雪花像手掌一样大，已经积了三四寸①那么厚了。这不也很快乐吗？

下雪，确实很让人快乐。

> "夏日于朱红盘中，自拔快刀切绿沉西瓜，不亦快哉！"

夏天，在朱红色的盘子里，自己拿一把锋利的刀子，切开绿沉沉的西瓜，不也很痛快吗？

这一句，在我们现代人看来，应该再加上一点——冰西瓜。夏天吃冰西瓜，是不是很痛快？

你看，这就是金圣叹，这就是文人的风格气质。

---

① 1寸约等于3.33厘米。

# 第三十讲
## 自题小像

功名耶落空，富贵耶如梦，忠臣耶怕痛，锄头耶怕重，著书二十年耶而仅堪覆瓮，之人耶有用没用？

(张岱《琅嬛文集》选段)

张岱是阿老师最喜欢的古代绍兴人，没有"之一"。绍兴自有文明史以来，不知出过多少风流人物，但阿老师独爱张岱，就因为对胃口，这是毫无办法的事情。

张岱为什么令我喜欢呢？有两个原因：一是这个人有趣，基本上"不务正业"；二是他晚年悔悟，在家国之痛下写了很多忧患深重、痛断肝肠的文章，尤其受中年以后的我的喜欢。

张岱生于 1597 年，这一年在中国历史上是明神宗万历二十五年。如果你恰好读过《万历十五年》这本书，就应该知道，这个时期朝政陷入了怎样的无所作为之中。这一年离崇祯皇帝在煤山上吊自杀、离明朝灭亡的 1644 年，还有 47 年。

国变这一点很重要，这对于张岱思想的变化、创作的变化，有深刻的影响。所以阿老师要特别强调一下这个史实，张岱人到中年的时候遭遇了国变，也就是说汉人政权——明朝灭亡了，少数民族政权——清朝入主中原了。所以张岱的一生经历了明、清两朝。

巧的是，阿老师此时恰好跟张岱经历国变时同岁，于是就特别具有共时性，也有非常相近的人生感受。张岱那个时候，"国破山河在"（杜甫《春望》），而阿老师现在的心境，却是"城春草木深"（杜甫《春望》），难以言表。

张岱从小就非常有才华，因为聪颖善对而被他的舅父陶崇道称为"今之江淹"，这个评价极高。因为江淹是南北朝时期非常著名的文学家，才华横溢。我们讲范仲淹的《岳阳楼记》时也讲到了这个人。有一个成语叫"江郎才尽"，其中的"江郎"，指的就是江淹。

张岱出生在一个历代为官的家族，祖上四代都是大官。所以张岱自小锦衣玉食，也受到了最好的儒家文化教育。但是张岱却不太愿意做"正经事"，他有点像《红楼梦》里面的贾宝玉。据说贾宝玉这个形象里有一点点张岱的影子呢。

所谓正经事，无非就是读书、考科举，然后经国济世。而张岱爱玩，花鸟虫鱼无一不喜，琴棋书画无一不通。

他还喜欢看戏，甚至自己演戏。1634年，即明崇祯七年，一天晚上，张岱心血来潮，就叫了自家养的戏班子，在绍兴城内的蕺山上唱了整整一晚上的大戏，还请了亲朋好友700多人来看。整整一晚上，700多人，真可谓歌舞升平。但张岱和所有当事人——那些看戏的观众——都不会知道，仅仅十年之后，明朝就覆亡了。

张岱出门还会带着戏班子。有一次他路过镇江的金山寺，突然记起来，这里是韩世忠和梁红玉当年抗击贼寇的地方，于是马上叫戏班子穿戴化装起来，在金山寺的大殿里演了一出抗击贼寇的大戏。当时已经是后半夜了，寺里的老和尚都被吵醒了，睡眼惺忪地爬起来看，抹着眼屎，不知道发生了什么。而张岱他们呢，戏一演完马上就走了，挥挥衣袖，不带走一片云彩，只留下老和尚们在那儿纳闷：这是怎么回事儿呢？

张岱留下的名文非常多，有些还被选入中小学语文教材。阿老师今天要讲的是一个小小的语段——《自题小像》。作此文时，张岱已经人过中年了，充满了人生感慨。

"功名耶落空"，指功名落空了。这里"耶"字是一个语气助词，相当于现在的"啊"。

"富贵耶如梦"，意思是富贵就像一场梦。张岱四十七岁之前是一个贵族，享受锦衣玉食，可一旦国破便流亡山野，过去的荣华富贵瞬间消散，怎么会不像一场梦呢？

"忠臣耶怕痛"，意思是想当忠臣，可是怕痛。这句话也要解释一下。明朝灭亡，当时有很多当过官的士大夫纷纷自杀，以殉前朝。我们去看当时的历史，选择自戕的且跟张岱交游很近的，不在少数。

绍兴还有一个比张岱年纪大一点，与他差不多也属于同一个时代的儒家大学者，叫刘宗周。他在蕺山上设有蕺山书院，在书院讲学，被视为"浙东学派的领袖"。我曾经写过一篇文章，比较过张岱和刘宗周。

刘宗周在明亡以后，选择了绝食而死，效仿不食周粟的伯夷、叔齐，以殉明朝。而张岱呢，他选择了逃亡，逃到山里。所以张岱自嘲说"忠臣耶怕痛"，因为自杀是很痛的，也是很难的。当然，这是张岱的自嘲，之所以做出逃亡这个选择，据张岱自己解释，是因为他的《石匮书》还没有写完。《石匮书》其实就是张岱写的明史。他选择了苟活，但其中的痛苦又有谁能够知道呢？

下一句，"锄头耶怕重"。拿起锄头当农民，又怕锄头重。

"著书二十年耶而仅堪覆瓮。"写书写了二十年，却只能用来盖瓮。瓮就是一种陶土烧制的器皿，肚子大大的，口小小的。你看过装绍兴黄酒的酒缸、酒坛吗？就是那个样子。阿老师小的时候，家里有很多瓮，用来装梅干菜之类的东西。我们拿什么来盖瓮呢？就是家里那些没有用的书。

张岱这里自嘲说，他自己写的书什么用都没有，只能用来当陶瓮的盖子。有意思的是，我小时候还真找过盖瓮的书来读，其中居然有很好看的小说。

我们知道，张岱写的东西至今还在流传，因为其中的情怀，其中创巨痛深的那个部分，感动了一代代的人，成了我们中华文化的重要组成部分。那么你说，他写的究竟有用没用呢？

《自题小像》中，张岱最后也感慨：这个人到底有用还是没用呢？"之人"，这个人，就是指文中的那个自己。这里是知识分子一种深深的自嘲，但又有着非常深重的沧桑感。如果能更清楚地了解张岱的生平，就能明白这种沧桑。

张岱生在明末清初，亲身经历了明朝的覆亡和清朝的建立。他死在康熙年间，死的时候已经九十多岁了，是难得的高寿。但是有一个成语叫作"寿多则辱"，张岱因为经历了国变，从当年锦衣玉食的官宦子弟渐渐变成了一个一文不名的老头。他早早地给自己写好了墓志铭，即《自为墓志铭》：

> 蜀人张岱，陶庵其号也。少为纨绔子弟，极爱繁华，好精舍，好美婢，好娈童，好鲜衣，好美食，好骏马，好华灯，好烟火，好梨园，好鼓吹，好古董，好花鸟，兼以茶淫橘虐，书蠹诗魔，劳碌半生，皆成梦幻。年至五十，国破家亡，避迹山居，所存者，破床碎几、折鼎病琴，与残书数帙、

缺砚一方而已。布衣疏食，常至断炊。回首二十年前，真如隔世。

阿老师喜欢张岱，因为他有趣，非常热爱生活，更因为张岱文中的那种悲凉与沧桑。"赋到沧桑句便工"（赵翼《题遗山诗》），张岱见证了一个朝代的覆亡，从花团锦簇到国破家亡，真的非常令人感慨。

有一个美国历史学家叫史景迁，我很喜欢他写的一本张岱的传记——《前朝梦忆》。张岱的后半生就一直在回忆前朝，给我们留下了瑰丽的文字。

张岱的《自题小像》多么有趣，充满了知识分子的自嘲。面对国变，他无能为力，怎能不去思考自己的人生价值呢？

多年以后，有一个叫周树人的绍兴小伙子，他在日本留学，拍了一张照片，还在照片后面写了一首诗："灵台无计逃神矢，风雨如磐暗故园。寄意寒星荃不察，我以我血荐轩辕。"这首小诗也叫《自题小像》。两篇《自题小像》中间隔了几百年，但是在这两个绍兴人的行文之中，阿老师却看到了一种深刻的一致性。

# 第三十一讲
# 浮生六记

余忆童稚时，能张目对日，明察秋毫，见藐小微物，必细察其纹理，故时有物外之趣。夏蚊成雷，私拟作群鹤舞空。心之所向，则或千或百，果然鹤也。昂首观之，项为之强。又留蚊于素帐中，徐喷以烟，使其冲烟飞鸣，作青云白鹤观，果如鹤唳云端，怡然称快。于土墙凹凸处，花台小草丛杂处，常蹲其身，使与台齐；定神细视，以丛草为林，以虫蚁为兽，以土砾凸者为丘，凹者为壑，神游其中，怡然自得。

（沈复《浮生六记》选段）

这篇文章选自沈复的《浮生六记》，曾以《童趣》为题，入选过语文教科书。

关于《浮生六记》，有个很有意思的故事：逛过旧书摊或旧书店的人都知道，这些地方能淘到很多好书。沈复的《浮生六记》写于嘉庆十三年（1808），但到他去世也没有出版，手稿辗转流落在外。一直到同治（1862—1875）年间，这本书的手稿被一个叫杨引传的人在一个不起眼的小摊上发现。杨引传一读就很爱此书，可惜手稿已经残缺，只剩四卷。杨引传把这本书推荐给了妹夫王韬。王韬是晚清的思想家、出版家。在王韬的协调之下，1877 年，《浮生六记》得以出版。沈复的经历很像唐代的诗人杜甫或者奥地利的小说家卡夫卡，生前默默无闻，死后一举成名。

书名中的"浮生"二字在我们讲过的李白《春夜宴从弟桃花园序》中也出现过："而浮生若梦，为欢几何。"浮生其实就是指空虚漂泊的人生，这是沈复的一种自我解嘲、自我调侃。《浮生六记》全书分六卷，我们所讲的这个选段出自卷二"闲情记趣"。

宋代的大儒周敦颐在《通书·文辞》中说："文以载道。"意思是写文章是用来讲道理、谈理想的。这种写法，让很多文言文看起来都像人板着脸，显得不可爱。而正史或者野史经常把目光聚焦在皇亲国戚、达官贵人身上，鲜有描写普通人的真实生活的，更不必提他们的幼年生活。

沈复的这本书正好填补了这个空白。书里写的不是什么微言大义，而是以第一人称视角记录的一个出生于苏州幕僚家庭的普通人的日常生活。这种普通人的生活，是载道的文章所不屑的，也是正史、野史里少有的，但我们读起来很容易找到与之共鸣的地方。

读完这本书，你会觉得沈复这个人很会生活，可以说是个生活家；但同时他也为生活所迫，这是无可奈何的。这种江南的市民生活，在某种程度上一直保留至今，与现在阿老师所在的江浙一带的人的生活方式仍旧很像。

读了这一讲的选文，我们就能发现沈复小时候很会玩，并且充满了奇思妙想。有同学会说："他生活在清朝，连手机、电脑都没有，有啥好玩的？"其实，小孩子的快乐很简单。可以打水漂，玩泥巴，抓几只蜗牛赛跑，投一粒米看蚂蚁搬运……甚至连蚊虫都能拿来玩，而且还能玩得很投入。要知道，从前的孩子们都是这么玩的，就地取材，放飞想象力。光是看蚂蚁搬家，阿老师小时候都能看个把小时。

文中这段写得很好，极富想象力："夏蚊成雷，私拟作群鹤舞空……又留蚊于素帐中，徐喷以烟，使其冲烟飞鸣，作青云白鹤观……"

把蚊子当白鹤看，并在帐子里喷烟当作青云，实在奇妙。这段文字很容易让人联想到鲁迅描写百草园的文字，其中有一段写一种叫斑蝥的虫子："倘若用手指按住它的脊梁，便会拍①的一声，从后窍喷出一阵烟雾。"你看，少年时代的鲁迅也很会玩。鲁迅的二弟周作人写过小时候和兄弟一起玩苍蝇的经历，这篇文章叫《苍蝇》。他们把青蝇捉来，摘一片月季花的叶，"用月季的刺钉在背上，便见绿叶在桌上蠕蠕而动"。你看，周家兄弟小时候竟然一起捉苍蝇玩，相形之下，沈复玩蚊子也就一点也不奇怪了。

可能你没法理解：蚊子、苍蝇这么脏的东西怎么能玩？现在的小朋友，在父母的教导下，首先会注意到个人卫生，看到苍蝇、蚊子，就躲开了。可是在古代，人们并没有什么细菌和病毒之类的概念。有这种概念当然

---

① "拍"为拟声词，现写作"啪"。

是进步，但何尝不是当代孩子的一种遗憾呢？

阿老师每年都会去参加一些夏令营，有时营队的住处是山里的民宿，来自城里的孩子们看到这里山清水秀、窗明几净的，特别高兴。但民宿毕竟是在山里，处在大自然之中，卫生条件自然不像大城市的五星级酒店；偶尔有一些虫子出现，比如各种蜘蛛，比如小小的昆虫，孩子们看到了就狂呼大叫，以为大难临头。这个时候，我就很遗憾。真的，随着城市化进程的加快，我们的孩子们离大自然越来越远了。

古人其实挺会玩的，像斗鸡走马、斗草扑蝶、下棋蹴鞠，这些游戏都曾经流行过。

唐代王勃的《檄英王鸡》就是为沛王李贤与英王李显斗鸡而写的，写得非常精彩。蒲松龄的《促织》是以斗蛐蛐为主题写的一个故事，写得也极好。

若是沈复生活在现在，肯定很喜欢玩一些充满想象力的游戏。我们来看原文：

> "以丛草为林，以虫蚁为兽，以土砾凸者为丘，凹者为壑，神游其中，怡然自得。"

在这段文字之后，沈复写了两只小虫在草中争斗，最后，一个庞然大物舌头一伸，将两只小虫吞入肚中。那个庞然大物是一只癞蛤蟆。于是沈复很生气，他把这个闯入自己幻想世界的家伙打了一顿，赶出院子。

这就是童趣。可惜，现在的孩子生长在城市里，很难再有这样的乐趣了。当然，城市里也有城市里的乐趣，这是农业时代的沈复所无法想象的。各个时代有各个时代的童趣。我们能通过沈复的文章知道沈复的童年乐趣，我们也可以写一点自己的童年乐趣，将来我们的后人也许就能知道我们当下的乐趣了。

# 第三十二讲
## 《幽梦影》"十恨"

一恨书囊易蛀,二恨夏夜有蚊,三恨月台易漏,四恨菊叶多焦,五恨松多大蚁,六恨竹多落叶,七恨桂荷易谢,八恨薜萝藏虺,九恨架花生刺,十恨河豚多毒。

(张潮《幽梦影》选段)

《幽梦影》也是阿老师特别喜欢的一本书。因为,它透着才子气。阿老师就喜欢那种才华横溢的人,虽然张潮的境界还比不上苏轼、李白等人物,在我心目中也比不上张岱、李渔等人,但是他的著述自成一格,读来令人兴味盎然,也是独步文坛的。

后人称,《幽梦影》是一部"才子之书,亦大思想家之书也"(章衣萍《〈幽梦影〉前记》)。这是见仁见智的。

《幽梦影》的内容都以格言体写成，句子很短，余味绵长，在我们这个网络发达的时代，特别适合用来发在自己的社交平台上。

比如这句："读经宜冬，其神专也；读史宜夏，其时久也；读诸子宜秋，其致别也；读诸集宜春，其机畅也。"冬天适合读经部书籍，因为冬天特别清静，人的精神能够专注；夏天适合读史部书籍，因为夏天白昼较长，时间比较充裕；秋天适合读诸子百家，因为秋高气爽，思维比较清晰有条理；春天适合读诗词文章，因为春意盎然，思维比较活跃。

这段关于读书的话，令阿老师想起鲁迅读书的三味书屋。鲁迅的老师叫寿镜吾，他为人方正、质朴、且很有学问。他的私塾叫三味书屋。"三味"是哪三味呢？据寿镜吾的儿子回忆："读经味如稻粱，读史味如肴馔，读诸子百家味如醯醢，谓之'三味'。"

后来有人看到宋代李淑《邯郸书目》中的一段话："诗书味之太羹，史为折俎，子为醯醢，是为三味。"三味书屋两旁屋柱上有一副对联："至乐无声唯孝悌，太羹有味是诗书。"所以，也有人说三味书屋中的"三味"应该典出于《邯郸书目》。

　　张潮生活在清朝的早期，字山来，号心斋居士，安徽歙县人。他是文学家、小说家、批评家、刻书家，官至翰林院孔目，为《虞初新志》一书的编纂者。张潮家境很好，祖上两代积累了很多财富。他成长在"田宅风水、奴婢器什、书籍文物"（张习孔《家训》）一应俱全的优裕环境里，因父亲家教严格，没有沾染官宦与富贵人家的子弟常见的纨绔习气，自幼"颖异绝伦，好读书，博通经史百家言，弱冠补诸生，以文名大江南北"（陈鼎《心斋居士传》）。他虽然"出生贵介、富于资财"，但是"性沉静，寡嗜欲，不爱浓鲜轻肥，惟爱客，客尝满座"（陈鼎《心斋居士传》）。

　　张潮最著名也最流行的作品，就是《幽梦影》了。我们讲过金圣叹的"不亦快哉"，可见前人风范。今天我们来讲张潮的"十恨"，来了解一下文人雅趣。这里的"恨"字，不是憎恨的意思，而是遗憾的意思；"十恨"就是十个遗憾。

　　第一个遗憾是书袋很容易被虫子蛀掉；第二个遗憾是夏天的夜晚有蚊子；第三个遗憾是赏月的良辰过得太快；第四个遗憾是菊花的叶子很多都焦了；第五个遗憾是大松树下有很多巨大的蚂蚁；第六个遗憾是竹子落

叶太多；第七个遗憾是桂花、荷花容易凋谢；第八个遗憾是薜荔、茑萝等藤本植物中，很容易躲藏着毒蛇——"虺"就是毒蛇；第九个遗憾是花架上的花总是有很多小刺；第十个遗憾是河豚这么好吃，却有毒。

这十个遗憾，跟金圣叹的三十三则"不亦快哉"一起读，是不是很有意思？人生不如意事十之八九，有痛快也有遗憾，这样的人生，才叫完满——请记住，是"完满"，不是"完美"啊。

除了"十恨"，阿老师还喜欢《幽梦影》中很多别的小句子，比如：

> 为月忧云，为书忧蠹，为花忧风雨，为才子佳人忧命薄，真是菩萨心肠。
>
> 花不可以无蝶，山不可以无泉，石不可以无苔，水不可以无藻，乔木不可以无藤萝，人不可以无癖。
>
> 春听鸟声，夏听蝉声，秋听虫声，冬听雪声；白昼听棋声，月下听箫声；山中听松声，水际听欸乃声，方不虚生此耳。

林语堂也很喜欢《幽梦影》，他认为张潮极能体现中国传统文人的人格特质，因此孜孜不倦地推荐此书，翻译此书，让西方世界见识中国文化。两人处于不同的时空，却同样具有"纯粹的生活"，那是明朝文人最重视的"性灵"，一种清洁、透明而单纯的性情质地。

# 第三十三讲
## 人间词话

古今之成大事业、大学问者，必经过三种之境界："昨夜西风凋碧树。独上高楼，望尽天涯路。"此第一境也。"衣带渐宽终不悔，为伊消得人憔悴。"此第二境也。"众里寻他千百度，回头蓦见，那人正在、灯火阑珊处。"[①] 此第三境也。此等语皆非大词人不能道。然遽以此意解释诸词，恐为晏、欧诸公所不许也。

(王国维《人间词话》选段)

王国维生于 1877 年，浙江海宁人，字静安。他是中国近现代相交时期一位享有国际声誉的著名学者，与

---

[①] 据中华书局 2016 年出版的《人间词语》，王国维先生在引用该词句时，将"蓦然回首"误作"回头蓦见"，将"却在"误作"正在"。

梁启超、陈寅恪、赵元任、吴宓齐名。

阿老师年轻时喜欢古典文学，《人间词话》是对我影响特别大的一部书，加上当时能读到的书籍种类并不多，因此像《人间词话》这类书我就会反复读，读得滚瓜烂熟。

因为喜欢王国维，我曾多次去过王国维故居——就在海宁钱塘江边上。那是一所很破旧的房子，跟我们看到的一般的江南民居差不多，只是更破、更旧；但是所处的地方却很好，能夜听涛声。我觉得，可能只有这样的地方才会出王国维、徐志摩、朱生豪这样的人物吧。

《人间词话》是王国维在文学理论上最著名的作品之一。简略地说，《人间词话》的核心只有一个词——"境界"。他用"境界"这个词，来评论古人作品的高下。

王国维深受叔本华的影响，他重视人间的苦难，同时又对人生的意义发出新的追问，认为发现人间的苦难与因循守旧、知足常乐的人生观完全对立的境界，是人的觉醒的一种表现。如此，"境界"被赋予了新的内涵：不仅是诗词作品的境界，而且是生命哲学的境界。他的词论，就达到了一种哲学的高度，因而近百年来无人能及，成为一座高峰。

当读王国维的《人间词话》时，我们会发现，王国维的论述非常现代。王国维是传统的，他的学术建基在传统的诗论和文论之上；同时他又是现代的，他的学术借鉴了西方20世纪崭新的生命哲学的研究成果。我们今天去读，还能触摸到作者强劲的脉搏。

《人间词话》中"无我之境"的"无我"，即王国维的《叔本华之哲学及教育学说》一文中讲的"无欲之我"；"理想"与"写实"的提法，也来源于叔本华使用的概念"理想"和"模仿自然"。王国维将叔本华等人的哲学观、美学观内化为自己的人生观、艺术观，并与中国的传统艺术实践进行了完美结合。《人间词话》成了中国美学史上融通中西、承前启后的理论巨著。

我们选的这一段话，是王国维在《人间词话》里最著名的一段。他用诗词来类比一个人的治学经验，认为"古今之成大事业、大学问者，必经过三种之境界"。

第一种境界："昨夜西风凋碧树。独上高楼，望尽天涯路。"这句词出自晏殊的《蝶恋花》，意思是昨晚西风惨烈，绿树凋零，"我"登上高楼，望见道路消失在天边。王国维用此句表达的意思是做学问成大事业者，首先要有执着的追求，登高望远，察明路径，明确目标与方向，了解事物的概貌。

第二种境界："衣带渐宽终不悔，为伊消得人憔悴。"这句词出自柳永的《蝶恋花》，原是表现爱的艰辛和对爱的无悔。王国维则别具匠心，以这两句来比喻成大事业、大学问者，不是轻而易举就能成功的，必须坚定不移，经过一番辛勤劳动，废寝忘食，孜孜以求，直至消瘦憔悴也不后悔。

第三种境界："众里寻他千百度，回头蓦见，那人正在、灯火阑珊处。"这句词出自辛弃疾的《青玉案》，原句是"众里寻他千百度，蓦然回首，那人却在、灯火阑珊处"。梁启超称辛弃疾此词"自怜幽独，伤心人别有怀抱"。

当然，这首先仍是文学鉴赏，要经过很多事，我们才会蓦然回首，才会有所发现。同时，这也是借词喻事，在文学赏析之外，更进一层。王国维以辛弃疾的词句为"境界"之三，即最高境界，这虽不是辛弃疾的原意，但也可以引出悠悠的远意：做学问、成大事业者，要达到第三种境界，必须有专注的精神，反复追寻、研究，下足功夫，才会豁然贯通，有所发现，有所感悟，达到自由的思想境界。

阿老师引用王国维这个著名的语段，是想告诉你们：其实，人生也是有境界的。人从小到大，可能也要经过一些努力，最后才能到达想要的人生境界。你们在这个年纪，可能就是在立志的过程中。"昨夜西风凋碧树。独上高楼，望尽天涯路。"这个就是立志，"望尽天涯路"，是说志向要高远，人生不设限。

有了志向，还要努力追求，"衣带渐宽终不悔，为伊消得人憔悴"。不努力，理想仍然是无法实现的。

理想的实现，也要看缘分。有时候，你努力了，也未必有效果。所以才有这样一句话："尽人事，听天命。"努力在我，成功在天。往往你抱有这样的心态的时候，成功就离你不远了。这就叫"蓦然回首，那人却在、灯火阑珊处"。